PRISCILLA

La Armadura de Dios

LifeWay Press®
Nashville, Tennessee

ISBN 978-1-4300-5523-5
Ítem 006104052

Clasificación Decimal Dewey: 248.843
Subdivisión: ESTUDIO BÍBLICO/CRECIMIENTO ESPIRITUAL/GUERRA ESPIRITUAL

A menos que se indique lo contrario, todas las citas bíblicas se han tomado de la versión *Reina-Valera 1960*® © 1960 por Sociedades Bíblicas en América Latina; © renovado 1988 Sociedades Bíblicas Unidas. Usadas con permiso. *Reina-Valera 1960*® es una marca registrada de las Sociedades Bíblicas Unidas y puede ser usada solo bajo licencia.

Para ordenar copias adicionales escriba a LifeWay Customer Service, One LifeWay Plaza, Nashville, TN 37234; FAX (615) 251-5933; teléfono 1-800-257-7744 ó envíe un correo electrónico a customerservice@lifeway.com. Le invitamos a visitar nuestro portal electrónico en www.lifeway.com/espanol donde encontrará otros muchos recursos disponibles. También puede adquirirlo u ordenarlo en la librería LifeWay de su localidad o en su librería cristiana favorita.

Impreso en EE. UU.

Multi-Language Publishing
LifeWay Resources
One LifeWay Plaza
Nashville, TN 37234

ÍNDICE

PRISCILLA SHIRER es primero esposa y madre, pero si le ponen una Biblia en las manos y un mensaje en su corazón, verán por qué miles de personas encuentran a Dios de manera personal y poderosa por medio de sus conferencias, libros y estudios bíblicos. Su obra incluye al éxito editorial del New York Times: *The Resolution for Women*, así como otros favoritos como *Jonás, Gedeón, Breathe, God is Able, Discernamos la voz de Dios*.

El don de Priscilla es proclamar osadamente las verdades, no comprometiendo a las Escrituras, guiando a las personas a tener una experiencia diaria e íntima con Dios. Su pasión por el destino de las personas que reciben a Cristo, la lleva cada año, alrededor del mundo para personalmente compartir la Palabra con decenas de miles de personas. Por medio del ministerio: *Going Beyong Ministries*, tanto ella como su esposo Jerry se sienten privilegiados al poder ministrar a personas de todas las culturas y denominaciones. Juntos, esta pareja está criando a tres varones que son muy activos.

A Priscilla le gusta escribir, enseñar y tratar de cocinar y satisfacer el apetito de los varones de la familia Shirer. Pero en realidad detrás de todo eso, ella solo es una muchacha con una espada en sus manos.

INTRODUCCIÓN

Solo para que sepas en lo que te estás metiendo...

Este estudio es único. Es muy diferente a otros que hayas hecho. Cuando termines de leerlo (y hacer las actividades), la cubierta no se va poder poner en su lugar. El libro va a estar desgarrado por el uso. Roto. No va a ser posible que lo puedas regalar en Navidad.

Las páginas van a estar desprendidas y escritas por todas partes. Los bordes van a estar rotos con las puntas dobladas. Quiero que tus hijos sientan miedo de tocarlo sin usar guantes desechables. Quizás hasta piensen en usar una pinza para levantarlo. Que no haya dudas de que lo has usado, te has relacionado y has invertido mucho tiempo en este estudio.

Piensa en este libro como si fuera un equipo de supervivencia de calidad industrial. Cinta adhesiva y pegamento. Con correas de cuero atadas alrededor. Tal vez con viejos cordones de zapatos. Con nudos dobles. Lo que sea necesario para tratar de mantenerlo junto.

Porque esta es una guerra. La pelea de tu vida. Un enemigo muy real está planeando una estrategia y confabulando en tu contra, asaltándote, atacando tus emociones, tu mente, tu pareja, tu hijo, tu futuro. De hecho, lo está haciendo en este preciso instante. Justo dónde estás sentado. Justo donde tú estás.

Pero yo digo que este reino de terror se detiene aquí. Podría seguir viniendo, pero no va a obtener la victoria. Porque a partir de hoy, vamos a estar armados y seremos peligrosos. Estaremos preparados para pararnos firmes en contra de sus planes maliciosos.

Y a medida que aprendemos lo que tenemos que ponernos para asegurar la victoria, vamos a aprender a usarlo para garantizar esa victoria. Cada semana, vamos a emplear un arma secreta que está divinamente autorizada por Dios para detener al diablo y sus ataques.

Vamos a orar. No vamos a hablar sobre la oración; no, vamos a orar.

A medida que nos ceñimos con la armadura de Dios, vamos a concluir cada semana dándote la oportunidad para desarrollar una estrategia de oración que te permita inmediatamente poner al enemigo en su lugar. ¿Una estrategia? Sí. Dirigida. Específica. Precisa. Detallada. Para que el enemigo sepa que está acabado y que perdió el partido.

Hagas lo que hagas, por favor no ignores esta parte del estudio. No es un apéndice, un ejercicio agradable para llenar parte del tiempo. No, es la clave esencial para la victoria. Al final del libro, vas a encontrar algunas guías para establecer una Estrategia de oración (página 189) y algunas hojas para desprender en las que puedes escribir tus oraciones. Sácalas del libro y ponlas en un lugar donde las veas sin dificultad y las puedas usar regularmente para orar. En voz alta. Para que el diablo te escuche claramente y sepa que no estás jugando.

Te invito a participar a plenitud en cada minuto de este estudio. No permitas que el enemigo tenga un día más de victoria sobre tu vida. Su reino de terror termina hoy.

Y termina hoy conmigo y contigo, porque somos personas que están usando la armadura de Dios.

Victoriosamente,

Priscilla Shirer

EFESIOS 6:10-19

10 Por lo demás, hermanos míos, fortaleceos en el Señor, y en el poder de su fuerza.

11 Vestíos de toda la armadura de Dios, para que podáis estar firmes contra las asechanzas del diablo.

12 Porque no tenemos lucha contra sangre y carne, sino contra principados, contra potestades, contra los gobernadores de las tinieblas de este siglo, contra huestes espirituales de maldad en las regiones celestes.

13 Por tanto, tomad toda la armadura de Dios, para que podáis resistir en el día malo, y habiendo acabado todo, estar firmes.

14 Estad, pues, firmes, ceñidos vuestros lomos con la verdad, y vestidos con la coraza de justicia,

15 y calzados los pies con el apresto del evangelio de la paz.

16 Sobre todo, tomad el escudo de la fe, con que podáis apagar todos los dardos de fuego del maligno.

17 Y tomad el yelmo de la salvación, y la espada del Espíritu, que es la palabra de Dios;

18 orando en todo tiempo con toda oración y súplica en el Espíritu, y velando en ello con toda perseverancia y súplica por todos los santos;

19 y por mí, a fin de que al abrir mi boca me sea dada palabra para dar a conocer con denuedo el misterio del evangelio,

1

SEMANA 1

MIDIENDO AL ENEMIGO

Se está llevando a cabo una batalla invisible en el lugar donde tú y yo tenemos el privilegio de influir en el balance hacia _la victoria_ en el nombre de Jesucristo.

De acuerdo con Efesios 6:12, ¿qué significa ponerse toda la armadura de Dios?

1. La batalla es _inavoidable_

2. El enemigo es _invisible_ .

• Satanás no es _peer_ o equivalente a Dios.

    a. Solamente Dios es _omnipresente_ .

    b. Solamente Dios es _omnisciente_ .

    c. Solamente Dios puede _work milagros_ .

    d. Solamente Dios es _eternal_ .

• Debido a nuestra _relación_ con Jesucristo, estamos sentados con Él en los lugares celestiales.

Mateus 21:13

3. El lugar es _aluminio_.

4. Tus armas no son _____.

5. La victoria es _____.

A ora cai ate va a armadura

DÍA 1

UNA LUCHA CUERPO A CUERPO

Comencé a escribir estudios bíblicos hace más de 10 años. En ese momento, mis hijos eran muy pequeños, Jackson el mayor, tenía 2 años; Jerry Jr., el segundo, tenía tres meses; y el menor Jude ni siquiera, estaba en nuestras mentes.

Desde entonces, sin embargo, mis bebés se han convertido en gigantes. Algunos de ellos con sombras incipientes de pelo facial, definitivamente algo de tono muscular. Y se han empezado a dar cuenta de su fuerza, siendo la lucha libre no solamente uno de sus deportes favoritos para mirar, sino para practicar. Entre ellos y tristemente, también conmigo.

A veces uno de ellos me sorprende desde un rincón y pone sus hombros en mi cintura, me carga sobre sus hombros, y mientras yo ruego que me suelte y sus hermanos se ríen histéricamente, él camina y me lanza sobre el sofá, encima de los almohadones, y me obliga a quedarme quieta, sin esperanzas de escapar. Me alegro que sea muy divertido; para ellos.

No hay nada como escribir las Escrituras para imprimirlas en nuestro corazón y animarnos a entrar en acción. Esto lo vamos a hacer mucho en nuestro estudio. Busca Efesios 6:12, en tu Biblia o en la página 7 de este libro y escríbelo a continuación en el espacio en blanco.

Léelo nuevamente, encierra en un círculo lo que dice la Biblia que tú no estás luchando en contra, después subraya las cuatro cosas con las que tú estás luchando en contra.

No importa la traducción de la Biblia que uses, hay una palabra que es similar en casi todas: luchar. La palabra original en griego que el apóstol Pablo usa aquí es "palē" que se emplea para una competencia deportiva o para una pelea entre contrincantes, en una lucha cuerpo a cuerpo, es un combate mano a mano, con el objetivo de derribar y vencer al rival.

En el óvalo que sigue a continuación, escribe el nombre de la persona más difícil, y/o la circunstancia más abrumadora que estés enfrentando en este momento en tu vida. Si quieres puedes mencionar a varios. Toma tu tiempo. Vas a volver a mirar esta lista varias veces durante el estudio.

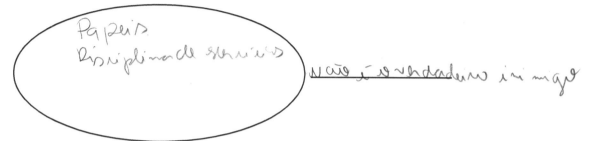

Papeis
Disciplina de serviços

Não é verdadeiro inimigo

¿De qué manera estás luchando en este momento con esa persona o circunstancia?

Cualquier cosa que hayas escrito, sea una persona o una circunstancia, quien sea o lo que sea, no es tu verdadero problema. Escúchalo nuevamente: NO es tu VERDADERO problema. Las cosas más problemáticas en tu vida, las cosas que percibes con los cinco sentidos, no son el verdadero problema. Aunque puedes estar luchando con ellos en forma verbal, emocional, financieramente, incluso físicamente, estás perdiendo un tiempo precioso y la energía que necesitas reservar para el verdadero culpable, el que está entre bambalinas, empeñándose en dirigir todos los detalles de tus dificultades más críticas. Todo lo que sucede en el mundo visible y físico está directamente vinculado con la lucha cuerpo a cuerpo que ocurre en el mundo invisible y espiritual.

Subraya la última frase del párrafo anterior. Después escríbela abajo con tus propias palabras.

Vuelve al óvalo y escribe en el espacio al lado "No es el verdadero enemigo".

Tu verdadero enemigo, el diablo, quiere que ignores la realidad espiritual detrás de la física. Porque mientras estés concentrado en lo que puedes ver con tus ojos, él puede seguir corriendo desenfrenadamente debajo de la superficie. En la medida en que lo dejes más de lado, más daño puede hacer. El enemigo puede ser invisible pero no es una ficción. Es real, muy persistente, y constantemente está en guerra en contra nuestra.

El enemigo puede ser invisible pero no es una ficción.
#LaArmaduradeDios

Los efectos de esa guerra que ocurre en el mundo invisible, se revelan en nuestras relaciones, tensas, dañadas, con inestabilidad emocional, con fatiga mental y agotamiento físico. Muchos de nosotros nos sentimos atrapados por el enojo, el orgullo, las comparaciones, la inseguridad, la discordia, el miedo, no queriendo perdonar, y la lista sigue. Pero el enemigo más grande, el primero y el que principalmente está detrás de estas situaciones, es el mismo Satanás.

Escribe algunas de las formas específicas en las que últimamente te has sentido atrapado (Si necesitas más espacio escribe en el margen).

Relaciones

Mental

Emocional

Físicas

Otras

En algún momento durante mis luchas cuerpo a cuerpo con mis hijos, cuando estoy completamente vencida a pesar de mis mejores esfuerzos por defenderme, aparece su padre listo para salvarme y rescatarme. La aparición de este hombre de 6 pies tres pulgadas hace que los jóvenes Shirer salgan corriendo en todas las direcciones. De pronto, estoy libre y nuevamente en pie. No porque yo sea fuerte, de hecho, no soy más fuerte que mis hijos, sino por la relación que tengo con alguien que sí es fuerte.

...fortaleceos en el Señor, y en el poder de su fuerza (Efesios 6:10).

Ser creyente no te da inmunidad contra los ataques del enemigo, pero te da acceso al poder de la fuerza del Padre. Su poder te defiende y revierte el daño que te han hecho. Si quieres ganar la batalla, si quieres acompañarme a cambiar la historia, venciendo al enemigo, y paralizando el impacto que él puede hacer en tu vida, la clave es darte cuenta que estás conectado a una fuerza espiritual más poderosa que la que te está atacando.

ABRIENDO LOS OJOS

Muchos eruditos están de acuerdo en que la carta de Pablo a los Efesios es la joya de sus escritos en el Nuevo Testamento. La escribió no solamente para llamar la atención a la batalla espiritual que existe en el reino invisible, sino especialmente con el propósito de revelar la fuerza inherente en cada persona que tiene una relación personal con Dios por medio de Jesucristo. Para nuestro estudio, nos vamos a concentrar especialmente en la última parte del libro. Pero también vamos a revisar la primera mitad, porque nos va a ayudar a ampliar nuestra comprensión de la dinámica de las bendiciones espirituales que están a nuestro alcance y que nos permiten aplicar con exactitud los mandamientos que Pablo explica con lujo de detalles en la segunda mitad.

Durante este estudio, vamos a volver constantemente a uno de los aspectos más importantes de la armadura espiritual que ha sido muchas veces ignorado: la oración. Pablo la considera tan importante en su explicación de cómo obtener la victoria sobre el poder de Satanás sobre nuestras vidas, que como dice un erudito, "Efesios tiene en proporción más del 55% de los versículos, directamente relacionados con la oración" comparado con Romanos, que es su epístola más larga[1]. Incluso como lo veremos, estalla varias veces en oración cuando está escribiendo. Y cuando ora, se asegura de que los lectores sepan exactamente sobre qué está orando. Él sabía que la oración podía cambiar la trayectoria de la vida. En la guerra espiritual, la victoria y la oración son inseparables.

Lee Efesios 1:18-21 y 3:14-19 y escribe la mayor cantidad posible de detalles que encuentres sobre la intención de las oraciones de Pablo.

Por favor fíjate en lo siguiente: Pablo no estaba orando para que los creyentes efesios recibieran las riquezas en gloria, las bendiciones, el poder y la autoridad, sino para que se dieran cuenta que ya las poseían. Como cristianos, ya poseían esas cosas al igual que nosotros las poseemos. Pero hasta que no se dieran cuenta, ¿de qué servía? ¿Cómo se iban a beneficiar con los dones de Dios si no sabían que poseían todo lo que necesitaban para que el enemigo saliera corriendo en busca de amparo?

En realidad, la armadura espiritual en Efesios 6 es simplemente una repetición, una manera diferente de describir lo que Pablo les había explicado en la primera parte de la epístola. ¿Cómo iban a "ponerse" o "quitarse" cosas que no sabían que tenían? El primer paso para ellos, y el primer paso para nosotros, para utilizar esos recursos espirituales que se nos han otorgado, es tener nuestros ojos espirituales bien abiertos para poder verlos.

El primer paso para usar mis recursos espirituales es reconocerlos. #LaArmaduradeDios

VISIÓN

La historia de Eliseo y el siervo que no podía ver en 2 Reyes 6, es una de mis historias favoritas en la Biblia. La escena es una batalla que iba a producirse entre el enfurecido rey de Siria y la nación de Israel. Vamos a verla juntos.

Abre tu Biblia en 2 Reyes 6:15-17 y responde a las siguientes preguntas:

1. ¿Qué vio el criado de Eliseo cuando se despertó? (v. 15)

   tropas, caballos e carros

2. De acuerdo con lo que hizo a continuación, (vv. 15b-16a) ¿cómo describirías su estado emocional en ese momento?

   tiam miedo

3. ¿Cuál fue la reacción de Eliseo? (v. 16)

   Dijo que maior es que esta consono, No se tere miedo

4. ¿En qué se parecen la oración de Eliseo por el criado (v. 17) y la oración de Pablo por los efesios (Ef. 1:18)?

   abrir os ellus e Iluminar os ellus.

El criado echó una mirada completa. Al principio, lo único que podía ver era el enemigo, que probablemente no le dejó otra respuesta que el miedo y la ansiedad. Pero luego se puso inmediatamente en sintonía con una realidad espiritual completamente distinta: tenía más a su disposición y de su lado que lo que alguna vez hubiera imaginado. Lo que podía ver con sus ojos, no se podía comparar con lo que no podía ver. La oración de Eliseo le ayudó a darse cuenta de todos los recursos y el poder que tenía para luchar contra el enemigo.

Para estar seguro y salir vencedor, tienes que tener la posibilidad de "ver".

Haz un inventario de algunas de las riquezas que tienes en Cristo con las que puedes derrotar al enemigo. Escribe las palabras clave de cada versículo que sigue. Cuando completes la lista, léela en voz alta.

• Efesios 1:3

   Ser fomos abençoados

• Efesios 1:7-8

   Riqueza de graça

• Efesios 1:13

   Selado e o Espirito Santo de promessa

• Efesios 1:18-19

   Iluminado os ellus do coraçõe Riqueza de gloria

Estos son solamente los dones que Pablo resalta en un capítulo. Hay muchos y cada uno se conecta específicamente con tu armadura espiritual y tus armas. Pero la primera clave para entender cómo todas ellas se ajustan a tu capacidad para derribar al enemigo es la visión. No las puedes usar si no eres capaz de reconocerlas por completo, si no estás consciente de que están a tu disposición y de la importancia que tienen en la realización exitosa de la guerra contra el enemigo del mundo y de tu alma.

La victoria comienza aquí. Comienza hoy. Comienza con esto. Orar por una visión. Únete a Pablo pidiendo al Señor que abra más tus ojos durante las próximas seis semanas para que puedas no solo detectar la actividad del enemigo, sino para que también puedas estar plenamente consciente de lo que Dios te ha dado para desarmarlo y vencerlo en tu vida.

INFORMACIÓN TÁCTICA...

Este término se usa frecuentemente en el contexto militar para describir la información descodificada que se obtiene acerca del adversario que puede ser usada para asegurar la victoria en futuras batallas. Al final de cada estudio bíblico, te he provisto con una sección para la "Información Táctica" para que guardes tus ideas más importantes. Úsalo como un lugar para coleccionar pedazos de información espiritual y reportar lo que Dios te ha revelado. Recuerda: la información que el Espíritu de Dios te está dando no es solo una lista de cosas para que las conozcas. Es una estrategia divina dada por Dios para aplicar en la batalla. El enemigo ha estado juntando información para desarrollar una estrategia en tu contra. Esta es tu oportunidad de juntar información para elaborar una estrategia para alcanzar la victoria contra él. Al final de cada semana, usarás toda la información que hayas obtenido para elaborar una estrategia personal de oración en contra del enemigo.

DÍA 2
SIN DISFRAZ

La sociedad de los efesios del primer siglo estaba familiarizada con el reino espiritual. Casi todos los que vivían en el mundo Mediterráneo durante este tiempo, creían que existían los espíritus malignos. No pasaban el tiempo tratando de determinar si el mundo espiritual era real, sino que trataban de saber cómo manejar y entorpecer a los seres que vivían allí (ve las experiencias de Pablo en Éfeso en Hechos 19:11-41).

Así que cuando Pablo escribió la carta a los Efesios, no tuvo que convencer a nadie de la necesidad de tomar medidas para contratacar la influencia demoníaca. Ellos sabían que lo necesitaban desesperadamente y usualmente buscaban ayuda en la magia. Los efectos de la actividad demoníaca estaban generalizados, eran dominantes y estaban en todas partes.[2]

Hoy día, a medida que sobrevivimos nuestras creencias sobre el reino espiritual, particularmente nuestras creencias sobre Satanás, tendemos a cometer uno de dos errores:

1. Sobrestimamos su impacto en nuestras vidas, viviendo con una perspectiva agrandada y errónea de su influencia y sus habilidades. Como resultado, estamos llenos de miedo y ansiedad.

2. Lo desestimamos a él y calculamos mal el impacto de su influencia en nuestras vidas. Nuestra prioridad está en lo que podemos ver y no en lo que no podemos ver.

¿Cuál de los dos extremos encuentras más predominante en tu esfera de influencia?

Basado en la perspectiva que elegiste, ¿cómo ves que esa perspectiva afecta la vida de las personas? ¿Cuáles son los efectos que se ven más?

¿Y tú? ¿Cuál es tu tendencia? ¿Le das mucha o poca importancia a la influencia del enemigo en las circunstancias de tu vida? ¿Qué efecto tiene esta posición en tu vida? Prepárate para discutir con tu grupo.

Como dijimos en el día 1, ante todo tendemos a concentrarnos en lo que es visible y físico, en lugar de eliminar lo invisible y espiritual. O si estamos conscientes de la obra del enemigo, no estamos muy seguros de cómo lidiar con él y derrotarlo.

La táctica del enemigo es difícil de descifrar. Él mantiene su actividad astutamente escondida, de tal forma que casi nos olvidamos de su existencia, o a lo sumo, reconocemos su presencia de una manera teórica y no amenazante. No estamos preparados para discernir sus tácticas, ver sus esfuerzos, y combatirlo activamente como lo han hecho otras culturas (aunque a veces erróneamente). Nos hemos transformado en una cultura que relativamente ignora la presencia del enemigo, está inconsciente de sus conspiraciones para destruir nuestras vidas, sin darnos cuenta que nos está distrayendo en nuestros esfuerzos para alcanzar nuestro destino.

Lee 2 Corintios 11:14 en el margen. ¿Has visto si está táctica del enemigo es real en tu vida?

Y no es maravilla, porque el mismo Satanás se disfraza como ángel de luz (2 Cor. 11:14).

La victoria espiritual está conectada con tu habilidad de quitarle el disfraz al enemigo. De descubrirlo. De quitarle el velo. De desenmascararlo. Esa es la mitad de la batalla. Pero es a esa mitad que tu enemigo no quiere que tú le pongas atención, porque una vez que lo hagas, automáticamente comenzarás a amenazar su tiranía sobre tu vida.

Los nombres del enemigo revelan su carácter, intención y actividad. (Para más información lee Profundizando I en la página 21).

Ayer hablamos de la importancia que tiene tener una visión, de darnos cuenta de las riquezas que están a nuestra disposición por medio de Jesucristo. Uno de los papeles más críticos que juega nuestra visión, es la de ayudarnos a detectar al enemigo que está acechando detrás de la superficie de algunas de las dificultades más apremiantes de nuestra vida. Hoy vamos a emplear más tiempo en eso.

Basado en Efesios 6:12 escribe las cuatro entidades con las que realmente estamos luchando.

Estas fuerzas de maldad son las mismas fuerzas sobrenaturales, son los principados y potestades que Pablo señaló con anterioridad (Efesios 1:21; 3:10). Ellas operan bajo el control del enemigo y llevan a cabo sus conspiraciones y maquinaciones malvadas. La Biblia no da en detalles la organización y la estructura de las fuerzas del mal, pero "esta lista de poderes espirituales tiene connotaciones de jerarquía y organización. Así como hay generales, soldados rasos y muchos rangos entre ellos en nuestras estructuras militares, los poderes demoníacos también parecen estar organizados de acuerdo al poder que tienen y al papel que juegan."[3]

Sin embargo, lo que sí sabemos acerca de estas entidades es: 1) cómo la Biblia describe sus acciones y, 2) el lugar donde están localizadas.

LA OSCURIDAD PRESENTE
De acuerdo a las Escrituras (por ejemplo Juan 8:44; 2 Corintios 4:4; Apocalipsis 20:10), ¿cuál es la tarjeta de presentación más obvia del enemigo?

El propósito expreso del mandamiento de Pablo es: "fortaleceos en el Señor, y en el poder de su fuerza" (Efesios 6:10). Para que podamos: "estar firmes contra las asechanzas del diablo" (v. 11). Asechanzas se refiere a sus estrategias engañosas. Estratagemas. Juego sucio. Sus ataques siempre están envueltos en la decepción, siempre están diseñados para manipular la verdad acerca de Dios y acerca de ti.

Lo que él quiere es meterte en el pecado para que se rompa el compañerismo entre tú y Dios, entre tú y el Único que te da el verdadero poder y la fuerza. Después, cuando estés débil y vulnerable, estarás en peligro de caer en sus planes para destruirte. Por eso es que él trata, lo más posible, de mantenerse escondido.

Así que no creas ni por un segundo que las falsas ideologías de la sociedad (obsesión con la apariencia, percepción del valor, definición de la familia) que todo eso aparece por casualidad. Las tentaciones diabólicas que apelan a tus deseos no son accidentales. La discordia y la falta de armonía que amenazan las relaciones personales más valiosas, no son una casualidad. Las tentaciones que te tironean durante los momentos más débiles, están bien calculadas. Ninguna de esas cosas pasa por casualidad. Son sus tácticas engañosas (y de todo su séquito diabólico) y fueron diseñadas y personalizadas especialmente, para impedirte que experimentes una vida abundante.

Vuelve al estudio del día 1 y repasa en el óvalo los nombres de las personas o las circunstancias más abrumadoras que estés enfrentando en tu vida. Considera en oración cómo la calculada decepción del enemigo puede estar jugando un papel en toda esa situación o situaciones. Escribe tus pensamientos.

LA VENTAJA ESTÁ EN NUESTRA CANCHA

Muy bien, esto es lo que sabemos: la tarjeta de presentación de Satanás es la decepción. Pero Pablo también hace un gran esfuerzo para mostrar dónde están ubicados el enemigo y sus fuerzas malignas. Dos veces menciona esto en el libro de Efesios.

De acuerdo a estos versículos (Efesios 3:10 y 6:12), ¿dónde están situados el enemigo y sus fuerzas malignas?

Este es el reino invisible y oculto donde se originan y continúan las batallas cósmicas, donde en este mismo momento están pasando cosas que directamente afectan nuestras circunstancias. Las armas y la artillería que pueden ser impresionantes e impactantes en una batalla terrenal, no funcionan en este terreno. Solamente las armas que están sancionadas y autorizadas por Dios (que vamos a aprender a usar durante este estudio) pueden ser usadas efectivamente en una batalla como esta.

Así que, dado que el enemigo está en los lugares celestiales, y que la guerra arrecia en los lugares celestiales y que las armas que se necesitan para lograr la victoria solo están diseñadas para ser usadas en los lugares celestiales, es fácil sentirse un poco confundido e inseguro de cómo podemos entrar en esa batalla dado que, querido amigo mortal, estamos aquí con los pies en la tierra. Comprensible. Es necesaria una pequeña lección en su ubicación espiritual.

Escribe todas las características que descubras sobre los lugares celestiales, en los siguientes versículos:
• Efesios 1:3
• Efesios 1:20
• Efesios 2:6

Resulta que, después de todo, tú no eres tan "terrenal". "Pues aunque andamos en la carne, no militamos según la carne" (2 Corintios 10:3). No solamente todas las bendiciones espirituales que necesitas para andar victorioso están en los lugares celestiales, sino también tú mismo, en este momento, estás sentado en los lugares celestiales con Cristo, a la diestra del Padre.

Haz una pausa y deja que esta frase se haga real en ti. No solamente estás en los lugares celestiales, sino que estás sentado en esos lugares celestiales.

En tiempos antiguos, estar "sentado" era una postura simbólica de un rey que había ganado una batalla. En lugar de estar parado, caminando de un lado para otro, muriéndose de preocupación, él se sentaba en su trono como una muestra visible de su triunfo total y completo.

Cristo, nuestro Rey está sentado en los lugares celestiales como una proclamación de que Su victoria total sobre el enemigo ya ha sido completada. Y tú y yo también estamos sentados allí, porque somos victoriosos con Cristo. Tu enemigo lo sabe y también lo debes saber tú. La cruz y la resurrección fueron los últimos pasos para sellar la victoria sobre Su Reino.

Él ha sido:
• Despojado, derrotado (Colosenses 2:15);
• Sometido (Efesios 1:20-22);
• Dominado (Filipenses 2:9-11);
• Destruido (Hebreos 2:14);
• Y sus obras fueron desechas (1 Juan 3:8).

Una vez que has puesto tu fe en Jesús, eres transportado con Cristo a una posición victoriosa. En otras palabras, tienes la ventaja del campo de juego.

Es verdad, seguimos en la tierra y, como Job cubierto de cenizas o Pablo en la prisión, tenemos que lidiar con los achaques físicos, los problemas del medio ambiente y las relaciones personales difíciles. Pero debido a nuestra ubicación espiritual, siempre tenemos esperanza, y por medio de Cristo podemos traer la victoria del cielo a nuestra experiencia en la tierra.

Tengo la ventaja del terreno de juego.
#LaArmaduradeDios

Satanás sabe que no nos puede destruir. Es muy tarde para eso. Lo mejor que él puede hacer (y que intenta usar a su favor) es que nuestro tiempo en la tierra sea inútil e improductivo, para asfixiarte con el pecado, la inseguridad, el miedo y el desánimo, hasta que seas totalmente incapaz de vivir libre y plenamente. Él no puede "derrotarte", pero puede intimidarte y hacer que seas ineficaz y que te quedes paralizado.

¿QUÉ HAY EN UN NOMBRE?

En las Escrituras, los nombres no son solamente una nomenclatura. Ellos revelan el carácter de la persona. Pasa lo mismo con nuestro enemigo. Dando un vistazo general de sus nombres, podemos ver sus métodos generales para atacar al pueblo de Dios. Aquí tenemos algunos de ellos.

1. **Satanás** significa "el adversario" [de Dios]. El enemigo es antagonista de los planes y propósitos de Dios. Él siempre busca destruir y pervertir el carácter de Dios y frustrar los propósitos de Él (Job 1:6).

2. *Diablo* significa "difamador". La intención del enemigo es difamar y pervertir el carácter y las intenciones de Dios y de otros. Él susurra mentiras con la esperanza de denigrar la reputación de Dios, que con el tiempo pueden disminuir tu confianza en Dios y llevarte a no confiar en Su voluntad (Mateo 4:1; Efesios 4:25-27).

3. *Lucifer* significa "lucero de la mañana" o "rayo". La apariencia del enemigo es atractiva, seductora y cautivadora. Debido a esto, él se acerca de manera atrayente para tentar y persuadir tu atención y admiración. Sus beneficios engañosos no son para nada repulsivos o repugnantes, lo que los hace más difíciles de detectar (Isaías 14:12-14; Lucas 10:18).

4. *Tentador* significa "alguien que tienta a las personas para que pequen". El enemigo busca desorientar tus pasiones para que busques llenarlas de manera pervertida o ilegítima. Él presenta en tu camino, intencionalmente, tentaciones personalizadas que son variaciones distorsionadas de los dones que Dios te dio (Mateo 4:3; 1 Tesalonicenses 3:5).

5. *Príncipe del mundo* significa que su enfoque no se limita a los individuos. Él tiene métodos sociales y globales diseñados para descarrilar a las naciones y a los grupos étnicos, del plan diseñado por Dios. Él confecciona cuidadosamente y propaga filosofías, doctrinas y perspectivas morales entre todos los grupos demográficos, para alejar de Dios a sociedades completas (Juan 12:31; 2 Corintios 4:4).

6. *Príncipe de la potestad del aire/ Príncipe de las tinieblas* significa que el diablo no trabaja solo. Él es el líder de las potestades de las tinieblas que busca cumplir sus propósitos en el dominio de las tinieblas, un reino invisible pero muy real, que afecta todo lo que se ve y se escucha en el reino visible y físico (Efesios 2:2; Efesios 6:12).

7. *Acusador* significa "alguien que condena". El enemigo busca debilitar la confianza y la influencia del creyente usando la condenación y la culpa. Constantemente está recordando y mostrando el pecado y los errores para paralizar al creyente con el desaliento y la vergüenza (Apocalipsis 12:10).

8. *Padre* de mentiras significa "mentiroso" y "falsificador". El carácter del enemigo no contiene algo de verdad ni de luz. Cuando habla y actúa, siempre busca falsificar y engañar. Él descaradamente y sin remordimientos malinterpreta las verdades de tu realidad y tus circunstancias personales. Él también busca desviarte de Dios, Su Palabra y Sus planes para ti usando mentiras (Juan 8:44).

Si te sientes como yo en este momento, ya has tenido suficiente. No vas a dejarlo tener un solo momento más de victoria en tu vida.

Hoy no.

Ni por un momento.

...para que ya no seamos niños fluctuantes, llevados por doquiera de todo viento de doctrina, por estratagema de hombres que para engañar emplean con astucia las artimañas del error (Efesios 4:14).

Durante las próximas seis semanas de estudio, nos daremos más cuenta que nunca, del poder que nos da nuestra posición en los lugares celestiales. También vamos a aprender a acceder a ese poder y a cómo usarlo. Juntos, vamos a comenzar a entender lo que significa usar la fuerza divina que tenemos, para alejar a las tinieblas. Cada día que pase, vamos a ser más fuertes y estaremos más fortalecidos.

INFORMACIÓN TÁCTICA...

DÍAS PEREZOSOS

El enemigo existe. Es real. Está actuando en contra tuya día y noche, a cada momento. ¿Cuál es su objetivo? Impedir que experimentes los beneficios de la victoria que ya es tuya en Cristo.

Él sabe que tú, como hijo de Dios, no puedes ser destruido. Pero mientras tanto, tiene otro objetivo a fin de distraerte, desanimarte, separarte de los demás e inutilizarte para que no puedas experimentar lo que te pertenece por ser un miembro adoptado en la familia de Dios. Él quiere aterrorizarte hasta que te sientas incapacitado, miserable e inhabilitado para vivir los beneficios de la victoria que ya has ganado.

Esto no es un invento. Tampoco estoy tratando de atemorizarte. De hecho, no deberías tener miedo, a pesar de la diana que está dibujada en tu espalda. Pero siempre debes estar alerta y vigilante.

¿Qué significa estar todos los días "vigilante", de manera práctica, en contra del enemigo?

El cristianismo se ha vuelto muy cómodo. Café en el vestíbulo de la iglesia. Autobuses que van desde el templo hasta los estacionamientos distantes en los días de lluvia. Juegos para entretener a los niños durante la Escuela Dominical. Bien. Lindo. Disfruta.

Pero no dejes que te arrulle para dormir. Nunca permitas que el ambiente cómodo de la sociedad opaque tu vigilancia o disminuya la fuerza que necesitas para luchar, para poder derrotar al enemigo más grande que tienes. Niégate a aceptar que la comodidad y el confort te vuelvan apático, hasta e inconsciente de la batalla que ruge por todas partes.

Los días perezosos de la cultura cristiana deben terminar. Comenzando hoy. Comenzando contigo. Comenzando con nosotros.

¿Has visto al cristianismo y a la cultura en general de la iglesia, caracterizarse más por la apatía y la pereza que por la actividad y la vigilancia? Sí es así ¿cómo?

¿De qué manera, si de alguna, has notado recientemente la apatía y la indiferencia espiritual en tu propia vida?

Considera nuevamente a la persona o a las circunstancias específicas que escribiste al principio de la semana. ¿Cuáles de las siguientes frases describen mejor la manera que manejaste esto el mes pasado?
☐ Proactivo, alerta, vigilante ante las estrategias del enemigo.
☐ Desconectado espiritualmente, desinteresado, muy cansado para tratar.

Basado en tu selección, ¿cómo describes los resultados de tu enfoque?

Nuestro enemigo está contento con una vida cristiana apática. Cuando nos damos por vencidos en nuestras relaciones o hacemos caso omiso a la pureza de nuestra reputación, siendo flexibles a nuestros apetitos carnales, sin hacerle mucha resistencia, básicamente le estamos dando el control de todo. Él causa grandes estragos en la vida del pueblo de Dios. Él puede incapacitar a la iglesia para que no logre los propósitos de Dios. Nuestra apatía e inercia le dan una gran ventaja, desplegando la alfombra roja para su entrada por las puertas abiertas de nuestra indiferencia y abatimiento. Es muy difícil que él deje pasar una oportunidad como esa.

Es por eso que él lucha mucho para vencerte con el desaliento. Te arrastra al descontento. Te miente acerca de quién es Dios, haciendo que dudes de las buenas intenciones que el Señor tiene para ti. Te machaca con acusaciones que te cargan los hombros con una vergüenza y una culpa muy pesadas de llevar. Te engaña para que pienses que tu situación nunca cambiará, y que Dios no te escucha. Pronto tu apasionado fuego comienza a apagarse. Comienzas a sentirte mediocre. Desinteresado. Con poca fibra espiritual. Y dejas de usar tu armadura espiritual.

¡Eureka!

Ahora ya estás exactamente donde el enemigo quiere, donde ya no deseas luchar por la paz y la pasión en tu matrimonio, donde crees que tu hijo ya no puede ser restaurado, donde ya no tienes esperanzas de que tu cuerpo pueda sanar, donde ya no ves algún camino para liberarte de tu vicio, donde ya no sientes la necesidad de orar y entonces no lo haces más. No pides, ni buscas y ni llamas. No te aprovechas de tu posición en los lugares celestiales ni de los beneficios que trae tener "toda bendición espiritual" en el universo que te ha sido entregada como parte de tu herencia.

A lo mejor no te interesa más. No estás seguro si realmente lo quieres. Pero orando puedes quererlo otra vez.

ACTÚA

Escribe Efesios 6:10-11. Si quieres lo puedes copiar de la página 7. Cuando termines, subraya todos los verbos y frases que implican acción.

Ahora en la página 7 subraya los verbos en los versículos 12 al 19.

El libro de Efesios es una combinación de los dones de Dios y nuestras responsabilidades. Los primeros tres capítulos hablan de la identidad y el lugar dado a los creyentes en Cristo. Pero comenzando en el cuarto capítulo, el tono cambia a la responsabilidad de actuar del creyente.

En primer lugar los indicativos, todo lo que fue logrado para nosotros por Cristo por medio de la victoria que ya ganó. Después, los imperativos, cómo debemos usarlos para actualmente poder recibir y experimentar los efectos de esta victoria en nuestra vida cotidiana.

Creer y recibir primero; entonces usar lo que se nos ha dado.

En tus propias palabras, ¿Cuál es la diferencia entre los indicativos y los imperativos? ¿Entre la primera mitad y la segunda mitad de Efesios?

Tres indicativos generales
en Efesios:
1) El liderazgo de Cristo,
2) Cristo es la piedra del
   ángulo y
3) La unidad en Cristo

Un ejemplo de este balance se ve claramente en Efesios 6:10-11. Pablo nos manda "fortaleceos en el Señor", que significa que la fuerza es algo que Dios te da, algo que tú recibes. Esta frase pudiera ser "fortalecerse en el Señor". La fuerza es infundida en ti por el mismo Dios.

Pero después Pablo describe cómo nosotros mismos nos ponemos en la posición para recibir estas fuerzas: "Vestíos con toda la armadura de Dios". Al ponernos la armadura, activamos el proceso fortalecedor. Es como conectar el cargador de tu teléfono. Puedes confiar que el teléfono se cargará pero solo si has tomado la iniciativa de conectarlo. Nunca nos vamos a dar cuenta de la fuerza de Dios en nuestras vidas si ignoramos la protección espiritual que Él nos ofrece. Siempre está a nuestro alcance, pero debemos "conectarnos" si queremos acceder a ella.

No solamente esto, sino también el llamado a "vestir" la armadura denota tanto urgencia como resolución. Es como si Pablo dijera que no hay tiempo que perder. Debemos vestirnos con la armadura ahora mismo. Diariamente. Consecuentemente. Fielmente. Si queremos ver nuestra decisión fortalecida y mantener firme nuestra postura, tenemos que darnos cuenta que la guerra espiritual no tiene días libres. No tiene días feriados o vacaciones. Nosotros debemos elegir, ¡ahora! Para acoplar cada una de las piezas de la armadura, si esperamos ver su efecto en la guerra espiritual.

¿Cuál es la diferencia entre el mandamiento "fortaleceos en el Señor" (pasivo) y el mandamiento "vestíos de toda la armadura de Dios" (activo)? ¿Qué relación tienen uno con el otro?

…Ocupaos en vuestra
salvación con temor y
temblor, porque Dios es el
que en vosotros produce
así el querer como el
hacer, por su buena
voluntad
(Filipenses 2:12b-13).

Filipenses 2:12b-13 es una buena combinación de órdenes activas y pasivas. Léelo al margen y mira a ver si puedes detectarlas. Escríbelas debajo.
Activas:

Pasivas:

Aunque la pregunta anterior tiene la intención de ayudarte a ver los lados activos y pasivos de la vida auténtica en el evangelio, no pierdas el hermoso y alentador mensaje del versículo 13. Léelo nuevamente. Ahora mismo Dios está obrando en tu vida para producir en ti tanto el querer como el hacer.

UNA LLAMADA DE ADVERTENCIA

El llamado a una vida cristiana victoriosa es una alerta para salir de la pereza, instando a que te levantes y tomes medidas serias. De eso depende la fuerza que necesitas para resistir y estar firme. Satanás y los demonios de las tinieblas están esperando que estés desinteresado y desvinculado en lugar de estar alerta, consciente y activo.

Escribe los mandatos descritos en 1 Pedro 5:8. ¿Por qué tenemos que responder de esta manera? ¿Qué pasa si no lo hacemos?

El cristianismo apático y perezoso ya no es más una opción. Especialmente cuando hay un furioso león hambriento acechándonos, esperando un momento de debilidad o distracción, con ganas de saltar sobre nosotros. No si quieres experimentar la recompensa completa de la vida en Cristo.

Durante estas seis semanas, el apóstol Pablo nos va a llamar a un estilo de vida cristiano activo que requiere una resolución firme para movernos hacia adelante. Con oración. Con justicia. Con fe. Exige que tomemos esto en serio, estratégicamente y con toda intención.

Vamos, es tiempo de despertarse.

INFORMACIÓN TÁCTICA...

SELECCIONAR LA CARNADA

A mis hijos y a mí nos gusta pescar. El lago de nuestro vecino al otro lado de la calle nos ofrece muchas oportunidades de tirar el anzuelo y esperar pescar algunos peces pequeños. Yo no soy una pescadora experta, ¿le importa mucho? No uso lombrices vivas. Usamos de carnada las sobras de carne y pedazos de perros calientes de nuestro refrigerador. Usualmente funciona, al menos en el lago cercano a mi casa.

Pero el verano pasado visitamos un campamento cristiano que está alrededor de un lago inmenso, con una gran variedad de peces más grandes como róbalos y catfish [llamado pez gato por una especie de bigotes que tiene]. Mis hijos y yo, naturalmente, no podíamos dejar pasar la oportunidad de pescar algo grande. Pero no estábamos teniendo mucha suerte, hasta que un hombre que estaba pescando cerca de nosotros oyó sobre la carnada que estábamos usando y se ofreció a cambiarla por algo mejor.

Tomó el pescadito que uno de mis hijos había pescado, agarró un anzuelo más grande y lo sujetó al cordel, después hizo algo que nos dejó boquiabiertos; enganchó al pobre pescadito en el anzuelo ¡como carnada!

El primer paso para vencer al enemigo es detectar sus estrategias. Lee Profundizando II en la página 33 para descubrir más información sobre las principales formas con las que nos ataca.

"Prueben ahora", nos dijo. Todos nos quedamos completamente atónitos y asqueados. (En realidad fui solamente yo. Mis hijos estaban fascinados con todo el caos sangriento). Pero efectivamente, cuando tiramos de nuevo el anzuelo al agua, mi hijo de 11 años pescó un róbalo de cinco libras.

Un cambio de carnada lo cambió todo.

El enemigo es un maestro en la elección del tipo correcto de carnada para engancharte. Por supuesto que usa algunas tácticas generales, una especie de talla única para todos, para desarmar al pueblo de Dios, pero no usa un solo tipo de carnada para cada persona, o ni siquiera usa la misma carnada durante todo el tiempo para un mismo individuo. No, él con cuidado considera y calcula tu situación actual, teniendo en cuenta tus debilidades y fortalezas, tus intereses y tus tendencias, tu historia y los abusos del pasado, en fin, todo. Después, usando esa información, él elabora una estrategia específica para ensartarte y agarrarte.

¿No lo crees? Si observas, notarás que las batallas con la que el enemigo te ataca, especialmente las más graves y consistentes, muestran un conocimiento íntimo de quién eres y de tus puntos débiles y dónde te puede vencer más fácilmente. ¿Casualidad? ¿Suerte? No lo creo. Esas áreas de mucho miedo y ansiedad en tu vida son la clave de alguna información espiritual importante. Ellas revelan, entre otras cosas, que él insidiosamente, ha puesto en práctica una estrategia personalizada para destruir tu vitalidad y derrotarte. Se ha elaborado sobre la pizarra por alguien que conoce por experiencia cómo explotar mejor tus zonas vulnerables.

Considera nuevamente algunas de las personas o circunstancias que escribiste en el óvalo al principio de la semana. ¿De qué manera revela este problema cómo el enemigo ha personalizado la carnada para engancharte? ¿Cómo presionan una o más personas o situaciones ese "punto débil" en ti?

Cuando te das cuenta de la estrategia del enemigo y comienzas a ver su obra bajo la superficie de tus circunstancias más difíciles, entonces no solamente podrás descubrir al culpable, sino que también podrás ver algunas de sus intenciones y ataques. Entonces te podrás preparar de antemano para no darle la oportunidad de convertirte en una más de sus víctimas.

Escucha: Satanás es astuto pero no es original ni particularmente muy creativo. Él siempre usa el mismo plan básico. Y si observas, verás que a veces las áreas a las que está apuntando son las que tú ya conoces. Si eres proactivo en la oración y te ciñes con la armadura espiritual, podrás detectar sus planes secretos antes de que lance el ataque y podrás sabotear así sus esfuerzos para desarmarte.

TIRO AL BLANCO

No estoy diciendo que el diablo no sea un gran enemigo. Simplemente digo que le damos demasiado crédito pensando que es imposible derrotarlo y defendernos. Una de las razones por las que nos gana frecuentemente es porque nosotros le allanamos el camino. Así que tratemos de hacer las cosas más fáciles para nosotros. Podemos reducir su juego a un par de estrategias de ataque. Solamente tienes que preguntarte dos cosas.

1) ¿DE QUÉ MANERA SOY YO LA AMENAZA MÁS GRANDE PARA EL ENEMIGO Y SUS PROPÓSITOS?

El enemigo siempre busca ponerte trabas en áreas donde no puede cumplir sus objetivos. ¿Compartes verbalmente tu fe? Entonces va a tratar de darte miedo e inseguridad para que mantengas tu boca cerrada. ¿Tienes un matrimonio firme, un buen modelo de estabilidad para otras parejas? Entonces va a tratar de separarlos mediante enredos ilegítimos. Satanás va a querer paralizarte en un área donde tu vida anda bien para directamente difamar a Dios y dañar a Su Iglesia.

Nuevamente, la persona o circunstancias que escribiste antes, ¿cómo puede el enemigo interpretar esa área de tu vida como de beneficio para el Reino de Dios, y por lo tanto atacarla para destruirla?

Aquí va un ejemplo reciente de mi propia vida: Una de las cosas más fascinantes (y estremecedoras) que el Señor me permitió vivir en mi ministerio fue participar en la película *Cuarto de guerra*. Me quedé muda y estupefacta cuando los directores Stephen y Alex Kendrick, me llamaron para ver si me gustaría hacerlo. ¿Yo? ¿Actriz? Me reí mucho. ¡De verdad! Pero lo consideré nuevamente cuando descubrí que el mensaje de la película era sobre el poder de la oración y cómo pararse firme contra el enemigo.

Varias semanas antes de comenzar la filmación, uno de ellos me mandó un correo electrónico detallando algunas maneras en las que me podía preparar para la experiencia. Aquí hay una porción:

"Nosotros hemos tenido ataques espirituales en todas nuestras películas. El tema de esta película es llamar al cuerpo de Cristo de todas las naciones para que se arrodillen a orar con una estrategia. El diablo no está contento con esto. Ahora que te has unido al equipo, no te sorprendas si el enemigo te ataca con problemas inusuales en la familia, relaciones o salud. No te preocupes. Simplemente prepárate. Dios es más grande que cualquier ataque del enemigo".

En concreto: Anticipa que el enemigo te atacará en el área de mayor influencia. ¡Tenía razón! El enemigo atacó con furia a mi familia. Desacuerdos. Fusibles fundidos. Sentimientos heridos. Aún conociendo por anticipado, no me di cuenta como un verano filmando iba a afectar la dinámica de nuestras relaciones. Nunca mi familia tuvo que sufrir un período tan difícil como ese verano filmando esa película que, entre otras cosas, trata sobre: ¡cómo preservar la unidad en la familia!

Esa es la manera en la que el enemigo juega sucio. Pero no es indescifrable. Considera dónde te sientes más fuerte en estos días. Espera que él te golpee, en particular, en esas áreas.

2) ¿CUÁLES SON MIS TENDENCIAS CARNALES, PASIONES INNATAS Y DEBILIDADES?

Todos los seres humanos tienen tendencias, gustos, intereses particulares, pasiones y curiosidades, algunas buenas y también algunas malas. O cosas sensibles, quizás embarazosas, cosas que no nos gusta que otros sepan de nosotros. Y esas predisposiciones y debilidades, son las que el enemigo quiere explotar. Ya sea que vengan de la manera en que fuiste criado, de la personalidad con la que naciste o por vulnerabilidades creadas por algunos sucesos en tu vida, todas ellas ayudan al enemigo a elegir la carnada adecuada. Y cuando combinas esas cosas con el conocimiento que él tiene de cuándo es el momento adecuado, tú sabes tanto como él sobre el ataque que vendrá durante tus momentos más sensibles.

Uno de mis hijos, por ejemplo, siempre ha tenido tendencias al miedo y la ansiedad. Desde que era un niño pequeño, siempre se inclina a este estado emocional en respuesta a los estímulos externos. Sabiendo esto, he sido muy específica en mis oraciones por él, aun cuando era un bebé pequeño. Asiduamente le pido a Dios que infunda coraje en él, que el Espíritu Santo sea un muro de contención en contra de los intentos del enemigo de explotar esa inclinación que él tiene. También hablo la Palabra de Dios en voz alta sobre él, acerca de su posición y poder en Cristo. Si lo dejamos, el miedo es una apertura que Satanás usará para llegar al corazón de mi hijo para paralizarlo, si no sabemos dónde debemos estar vigilantes.

¿Y tú qué? Si en tu familia existe el alcoholismo, ya sabes que el enemigo probablemente va a estar buscando destruirte usando algún tipo de adicción. Si parte de tu historia incluye la promiscuidad, él quiere mantener ese fuego ardiendo en tu cuerpo mientras te presenta ofertas atractivas para hacerte caer.

Revisa tu respuesta de hace un momento acerca de tus inclinaciones, tendencias y puntos débiles. Ahora que consideraste cómo ayudan a las estrategias de Satanás en tu contra, ¿puedes pensar en algunas otras? Sé honesto. Cuanto más auténtico seas, más podrás conocer los planes del enemigo.

¿Qué límites prácticos puedes poner alrededor de tu vida para guardarte de los intentos del enemigo de acosarte en esa área de tu vida?

Mantén tu mirada en las áreas en las que estás más fuerte y en las áreas que estás más débil. Probablemente esos sean los lugares que el enemigo apunte para atacarte. Cuando sabes dónde mirar, lo puedes ver viniendo desde muy lejos. Realmente él no es tan inteligente. Es simplemente astuto.

Hasta aquí llegamos. Estás listo. Ora. Tienes que estar alerta.

INFORMACIÓN TÁCTICA...

LAS ESTRATEGIAS DEL ENEMIGO

En una encuesta a cristianos, preguntando cuáles son las principales maneras en las que el enemigo ataca sus vidas, las respuestas mostraron varias categorías en común. Debajo están las diez estrategias favoritas que el enemigo usa en contra del pueblo de Dios cuando los cristianos están tratando de vivir una vida abundante en Cristo.

Estrategia #1 En contra de tu pasión. El busca disminuir tu deseo de orar, apagar tu interés en las cosas espirituales, y minimizar el potencial de tus armas más estratégicas (Efesios 6:10-20).

Estrategia #2 En contra de tu interés. Él se disfraza y manipula tu perspectiva y terminas interesándote en la causa equivocada, apuntando tus armas al enemigo incorrecto (2 Corintios 11:14).

Estrategia #3 En contra de tu identidad. Él aumenta tu inseguridad, llevándote a dudar lo que Dios dice sobre ti haciéndote ignorar lo que Él te ha dado (Efesios 1:17-19).

Estrategia #4 En contra de tu familia. Él quiere desintegrar a tu familia, dividir el hogar, mostrándolo caótico, inquieto e improductivo (Génesis 3:1-7).

Estrategia #5 En contra de tu confianza. Constantemente te está recordando tus errores pasados y las malas decisiones que tomaste, esperando convencerte de que estás bajo el juicio de Dios en lugar de bajo la sangre de Cristo (Apocalipsis 12:10).

Estrategia #6 En contra de tu llamado. Él aumenta el miedo, la preocupación y la ansiedad hasta que llegan a ser las voces más fuertes en tu mente, haciendo que consideres la aventura de seguir a Dios muy arriesgada para ti (Josué 14:8).

Estrategia #7 En contra de tu pureza. Él trata de tentarte hacia algunos pecados, convenciéndote que los puedes hacer sin sufrir las consecuencias, sabiendo que te van a distanciar de Dios (Isaías 59:1-2).

Estrategia #8 En contra de la quietud y satisfacción. Él espera sobrecargar tu vida y tu horario, presionándote para que llegues a los límites constantemente, y nunca dándote permiso para decir no (Deuteronomio 5:15).

Estrategia #9 En contra de tu corazón. Él usa cada oportunidad que tiene para mantener las viejas heridas en tu mente, sabiendo que el enojo, el dolor, la amargura y la falta de perdón seguirán dañándote (Hebreos 12:15).

Estrategia #10 En contra de las relaciones personales. Él interrumpe y desune tu círculo de amigos y tu colectivo dentro del cuerpo de Cristo (1 Timoteo 2:8).

SESIÓN DE ESTRATEGIA

Entonces ¿Cuál es tu plan? ¿Tienes uno? Tu enemigo seguro que tiene uno. Él te ha estado estudiando, acosándote, concentrándose en tus tendencias y hábitos, tus propensiones y apetitos. Sus ataques no han sido casuales o asistemáticos. Son calculados y precisos, están listos para ser usados en tu contra en los lugares celestiales.

En este último día de la primera semana de estudio, realmente podemos ver más claramente quién es él y qué está haciendo para desanimarnos y desarmarnos. Así que ahora es el momento de crear nuestra propia estrategia para interrumpirle el paso. Así es, un plan para sabotear sus esfuerzos, porque no podemos lanzarnos en esta lucha a ciegas. No podemos ir a la batalla sin estar preparados. Tenemos que crear un plan para poder ganar.

La estrategia para la guerra.

VAMOS A ORAR

Hoy, hemos llegado a lo que será el punto culminante de cada una de estas semanas que pasaremos juntos. Aquí es donde la frase proverbial dice: "donde las llantas tocan la carretera", y tú empiezas a avanzar en contra de la actividad del enemigo en tu vida. Así es cómo comenzarás a recuperar tu vida. En el nombre de Jesús.

Escúchame cuidadosamente: La oración es el mecanismo que hace que caiga el poder del cielo en tu experiencia. Es el método autorizado divinamente para activar tu armadura espiritual y hacerla eficaz. La oración alerta al enemigo de que tú sabes sus intenciones y te protege de sus ataques. Es su "kryptonita" [que era la sustancia extraterrestre que debilitaba a Supermán en las aventuras]. Es donde las artimañas del enemigo en tu contra se debilitan y desenredan.

Yo creo que puedo decir esto de forma muy tajante: A menos que la oración sea una parte vital y creciente en tu vida, nunca vas a logras la victoria espiritual. No importa cuántas veces hagas este estudio, no importa en cuántas conferencias y ministerios participes, vas a seguir dando vueltas si no estás anclado en la oración. La oración es el tejido conector entre tú y los lugares celestiales.

Y por eso, es siempre allí donde se ganan las batallas espirituales.

Así que comenzando hoy, y al final de cada semana que estemos juntos, esto es lo que quiero que hagas: Compila los diferentes pedacitos de "Información Táctica" que has escrito en tu semana de estudio bíblico, busca las hojas perforadas al final del libro y comienza a crear una estrategia de oración personalizada para tu vida, una que esté ceñida en acción de gracias y gratitud por lo que Dios ya ha hecho, y que tenga las promesas de Su propia Palabra. Después pide, sí, pide que el Señor abra tus ojos espirituales, para alertarte de las intenciones del enemigo, y para que te dé valor proactivo para dejar de lado, las armas físicas a cambio de las armas que pueden sentirse no tan naturales, ¡pero que realmente funcionan! No hables en términos genéricos, escribe en el papel tus propios problemas, las personas que amas y las necesidades. Después usa esto como un recordatorio para orar en contra del enemigo y cada asalto demoníaco que tiene planeado en tu contra.

Lee los versículos de Efesios 6 que están a continuación. Subraya cada vez que veas una variación de la palabra "orar".

> "...orando en todo tiempo con toda oración y súplica en el Espíritu, y velando en ello con toda perseverancia y súplica por todos los santos; y por mí..." (vv. 18-19a).

Contrario a lo que la mayoría de las personas piensan, no solamente hay seis piezas en la armadura. Hay siete. La oración es el eje que mantiene a toda la armadura unida. Es lo que activa a todas las otras piezas y te fortalece a ti como un soldado en la batalla. Este es el dispositivo que faculta y " recarga " a todas las otras piezas para que puedan ser usadas efectivamente contra el enemigo. Sin oración, vuelvo a decirlo, tu armadura no puede ni podrá ser impregnada con el poder que solamente el Espíritu de Dios puede dar.

Las oraciones activan tu armadura espiritual. #LaArmaduradeDios

Cuando Pablo dice "orando en todo tiempo" no se refiere a tiempo en sentido general. La palabra que se traduce "en todo tiempo" en este versículo es *kairos*, que se refiere a tiempos específicos, a ocasiones precisas y a eventos particulares. En la lucha espiritual, a medida que detectamos la actividad del enemigo y utilizamos las diferentes piezas de la armadura, nuestras oraciones tienen que ser fervientes y específicas, estratégicas y personales. Unidas a las necesidades específicas que se presentan en ocasiones específicas. Ese es el tipo de oración que da energía a la armadura de Dios para lograr la máxima eficacia.

Tu oración solo tiene que ser auténtica y sincera. Sin una longitud específica. No necesita tener palabras brillantes o prosa poética. No estás tratando de impresionar a alguien. Simplemente sé directo, franco y real con Dios. Después, lo digo seriamente, arranca la oración de este libro y pégala en un lugar donde la puedas ver todos los días para que te acuerdes de orar. Puede ser en el espejo del baño o en la pared de tu oficina.

Vaya a la página 189 si necesita sugerencias de oración para ayudarle a comenzar.

El enemigo se va a arrepentir de haberte molestado, porque tú eres una persona que ora con fervor, oraciones precisas y eficaces, y que planea vencerlo, EN EL NOMBRE DE JESÚS. ¿Él ha estado juntando información acerca de ti? ¿Atacando los lugares donde tú eres una amenaza para su obra? ¿Golpeándote donde eres más débil o simplemente no estás prevenido?

Bueno, ahora tú estás juntando información para usarla en su contra.

Así que, toma un bolígrafo.

Ve al final del libro.

Escribe.

Y después, ora.

La oración libera todos tus recursos eternos.

2

SEMANA 2
EL CINTURÓN DE LA VERDAD

Efesios 6: 13-14

El principio dominante que está presente en todos los ataques de Satanás en contra nuestra es la ___decepción___. (Marca de enimigos)

Juan 8:44

Satanás es un maestro en ___ilusionismo___.

Una ilusión es algo que es engañoso que produce una impresión falsa o equivocada de la ___realidad___.

Satanás puede convencerte de que Dios no ___quiere decir___ exactamente lo que Él dice.

Proverbios 3:5-6

Las sugerencias de Satanás nunca podrán prevalecer en contra de la luz de la ___Santa palabra de Deus___.

El enimigo espera que eu confie em mim mesmo

Efesios 5 : 13

La verdad de Dios es la ___luz___.   2 corint. 11 : 14

Josue 24 : 15

Ajustarse el cinturón de la verdad.

- Te permite estar ___parado___ ___firmes___ en contra de
  las ___enseñanzas.___ del diablo.

- Te da la ___libertad___ que de otra forma no puedes tener.

- ___La___ ___restricción___ te libera.

Juan 8 : 32   1 timoteo 6 : 10.
2 corintios 6 : 14   efesios 4 : 29
galatas 5 : 22-23   Dominio propio
1 corintios 6 : 19
Números 13 - 2 espias.

REFORZAR EL NÚCLEO

Los gimnasios están llenos de personas levantando pesas, montando en bicicletas estáticas, caminando en las máquinas de correr, y con el zumbido de las maquinas elípticas de entrenamiento. Las personas están fortaleciendo los músculos, perdiendo peso y expandiendo su capacidad pulmonar.

Pero con todos esos equipos y las clases, la mayoría de los programas dejan de lado una parte importante del cuerpo: el núcleo. La persona puede ejercitarse mucho pero no estar fortaleciendo el punto que más necesita.

Tu núcleo es la parte alrededor del tronco y la pelvis, compuesta por los grupos de músculos abdominales. Es el eslabón central de la cadena que conecta la parte inferior y superior de tu cuerpo, que posibilita que todos tus miembros y movimientos puedan funcionar juntos con armonía. Cada movimiento que haces, ya sea barriendo el piso o golpeando la pelota de golf, requiere el apoyo de esta área. Un núcleo fuerte ayuda al balance, la estabilidad, evita las lesiones y a largo plazo, aumenta tu resistencia y baja la presión. De hecho, a medida que envejecemos, un núcleo débil puede hacer la diferencia entre poder caminar derecho o estar relegado a una silla. La condición de tu núcleo lo afecta todo.

En el párrafo anterior, subraya los beneficios de tener un núcleo fuerte.

Lee los siguientes versículos y considera los beneficios que subrayaste en relación con tu vida espiritual. Escribe al lado de los versículos el tema que corresponda.

Efesios 6:13-14a *Resistir un dia mal, Permanecer inabalaveis, manter-se firme*

Efesios 2:13-17 *Reconciliação, Paz*

Efesios 4:14 *Não ser mais como crianças*

Santiago 1:2-4 *- Alegria por diversas provações, Fé produz perseverança*

Basándote en estos pasajes, ¿por qué son estos atributos y beneficios tan importantes para tu vida espiritual? *Para ser un mem cristo*

¿De qué manera ves que la comunidad cristiana carece de estos beneficios?
Religiosidad

¿Qué sucede en tu vida personal? ¿Estás en este momento de alguna manera experimentando falta de balance, inestabilidad, debilidad o desacuerdos internos? Escríbelo abajo. *Instabilidade um retinos*

AYUDA PARA EL NÚCLEO

Muy bien, no estoy tratando de reestructurar tu programa de ejercicios. Te aseguro que no es mi intención. Pero parece que Pablo estaba pensando en la idea de tener un núcleo fuerte cuando empezó a elaborar la lista de la armadura espiritual.

Su metáfora más importante está basada en la imagen del guerrero divino de Isaías 59. Pero nosotros podemos aprender mucho sobre el papel y el propósito de esta armadura cuando consideramos al legionario romano, una presencia que era común en la sociedad judía en la época de Pablo. Las piezas de la armadura que aparecen en Efesios 6, están arregladas en el mismo orden en las que el soldado romano se las ponía cuando iba a la batalla.

Ve a la página 7 y lee Efesios 6:10-18. Escribe las piezas de la armadura en el orden que aparecen.

1. *cinto da verdade*
2. *coraza da justiça*
3. *Pés calçados p/ lo evangelho*
4. *escudo da Fé*
5. *capacete da Salvação*
6. *Espada do Espírito*
7. Oración

Lee en la página 65 sobre el guerrero divino: Profundizando III

LEGIÓN. Del griego *legeōn* (Del latín *legio*), usado cuatro veces en el Nuevo Testamento, era la división principal de la armada romana y estaba compuesta por entre 4,000 y 6,000 hombres. Estaba dividida en diez grupos y estos a su vez tenían seis grupos de cien cada uno.[1]

Lee el número 1 en la lista, y recuerda la importancia que tiene el núcleo. ¿Por qué crees que es tan importante para el soldado, ponerse primero esta pieza del equipo? *Para estar Firme*

Mientras que algunas traducciones de la Biblia traducen las palabras Pablo en el original en Efesios 6:14 usando la palabra cinturón, esta palabra en español da una imagen equivocada. La versión RV traduce este versículo literalmente, como aparece en el original en griego, diciendo: "Estad, pues, firmes, ceñidos vuestros lomos…" no se hace alguna mención a un cinturón. En realidad no hay una descripción específica de alguna parte de la armadura. Pero podemos deducir el significado que Pablo le da cuando vemos la indumentaria del soldado romano al ver que el cinturón se usaba con el propósito de ceñir los "lomos".

¿Qué atributo espiritual le da Pablo a este elemento de la armadura?
Firmeza

¿Por qué te parece que esto se debe poner primero para tener una lucha espiritual exitosa contra el enemigo? *Porque precisamos dessa firmeza para não cair el também estar estabelecidos*

En general, nuestra sociedad no toma el lado de la verdad de manera firme y fuerte. Aun lamentablemente en la iglesia, muy a menudo fallamos en tener una visión clara de cómo vivir correctamente y tomar las decisiones que honren a Dios. Muchas personas que se llaman cristianas no tienen un sistema de creencias sólido que gobierne sus vidas. No toman sus decisiones basados en la verdad de la Palabra de Dios, no son estables ni fuertes en sus convicciones, fácilmente se sienten heridos y lastimados por otros y se dan por vencidos bajo la presión en lugar de pararse firmes y perseverar.

Pero comenzando hoy, tú y yo vamos a hacer las cosas de diferente manera. Aun si admites que hasta ahora tu vida giraba sin sentido en la manera que manejabas tus circunstancias, tu forma de afrontar la vida está por cambiar. Honestamente, todos nos podemos beneficiar cuando fortalecemos nuestro núcleo volviéndonos fuertes y duraderos por un largo período de tiempo.

Esa es la verdad.

Y hacia allí nos dirigimos.

ABANDERADO

El soldado romano "se ceñía los lomos" con algo más parecido a una faja que a un cinturón (seguramente algo muy masculino). La mayoría de los eruditos están de acuerdo en que la faja del soldado más que ninguna otra prenda o equipo, con su intrincada decoración y hebillas elaboradas, era la que distinguía a un soldado de un civil. No era un accesorio opcional o secundario, como la que nosotros podemos agregar a nuestra indumentaria. Era estratégica, la prenda más importante de toda la vestimenta. Piense en esas fajas ortopédicas que usan los trabajadores de UPS y de Fedex cuando tienen que levantar paquetes pesados. La fuerte faja de cuero del soldado romano estaba diseñada para proveer el apoyo esencial si tenía que hacer un movimiento rápido y exigente durante la lucha.

La verdad es el apoyo para el núcleo. Este provee el apoyo esencial que necesitas cuando estás en medio de la guerra espiritual.

Recuerda que el dispositivo dominante del enemigo es el engaño. Él colorea la realidad con colores fascinantes y atrayentes, alejándonos de los principios en blanco y negro. Él propaga fantasías, haciendo que las cosas temporales e insignificantes parezcan muy valiosas y favorables. Él esconde las consecuencias en "las letras pequeñas" mientras que solamente muestra en letras grandes las partes que satisfacen a la carne y a su vista limitada. La envoltura es tan inteligente que a menos que tú conozcas la verdad, y que realmente la conozcas íntimamente, puedes caer víctima de sus triquiñuelas.

¿Cuáles son algunas de las ilusiones más ingeniosas que el enemigo elaboró en tu vida o en la vida de algún amigo? *Dizer que Deus não jaliam.*

¿Cuáles son algunas de las consecuencias que el enemigo incluyó en las "letras pequeñas"? *Perder o que Deus qui para mim.*

> La verdad es la opinión de Dios sobre cualquier asunto.

Revisa tus notas de la sesión del video de esta semana y busca la definición de verdad. Escríbela con tus palabras.

En algunos momentos en tu vida cuando tus deseos no estaban de acuerdo con lo que sabes que es la verdad por la Palabra de Dios, ¿cuál ha sido tu respuesta típica? Por lo general...

☐ ¿Haces lo quieres hacer y después pides perdón?
☐ ¿Aprietas los dientes y fuerzas tus acciones a que se alineen con la voluntad de Dios?
☐ ¿Tratas de acomodar a la Palabra de Dios para que se ajuste a tus deseos?
☐ ¿Clamas en oración y tratas de sobrellevarlo paciente y confiadamente?
☑ ¿Hablas con alguien acerca de la lucha que estas sosteniendo?
☐ ¿Haces algo completamente diferente?

La suma de tu palabra es verdad (Salmos 119:160).

Recientemente mis hijos se interesaron en aprender a tocar guitarra. Después de asegurarme que realmente lo querían hacer (ya saben que los impulsos infantiles van y vienen), compré una guitarra usada para que la compartieran y los inscribí para que recibieran clases en el internet. Pero la primera lección vino de una amiga nuestra, que nos estaba visitando ese día. Ella es una guitarrista experimentada, y con solo rasgar las cuerdas se dio cuenta que la guitarra estaba fuera de tono. Así que comenzó a afinar la cuerda superior, "E [mi]", afinándola correctamente, y siguió con las otras cuerdas, ajustando los tonos específicos con el tono de la primera cuerda. Una vez que la primera cuerda estuvo afinada, todas las otras estuvieron afinadas adecuadamente; y al rasgarlas produjeron una bella melodía.

La verdad es que básicamente podríamos definir la opinión de Dios, sobre cualquier materia, como nuestra norma. Nuestra cuerda "E [Mi]". La verdad es lo que Dios es y lo que Él dice que es, que para nosotros está contenido en la persona de Jesucristo.

La verdad de Dios. La verdad bíblica. Si no somos leales y no nos afirmamos a esta verdad, quedamos débiles y susceptibles a las cosas que pueden parecer correctas y hasta sonar correctas, pero no lo son. Pero si tenemos esta norma de verdad, puedes ajustar todo lo demás en tu vida, tus ambiciones, elecciones y sentimientos; tu mente, albedrío y emociones, hasta que todo esté correctamente en armonía. Cuando tú tienes un núcleo firme, estable y bien soportado, las mentiras del enemigo no pueden desviarte tan fácilmente. Cíñete con la verdad, y estarás protegido desde el principio.

DIME, ¿CÓMO?

Jesús es la verdad (Efesios 4:21). #LaArmaduradeDios

¿Cómo se supone que nos tenemos que poner este cinturón de la verdad?
• Manteniendo y afirmando la norma de conducta, la verdad y sus límites marcados por Dios en las Escrituras. Tú te comprometes con ellos y decides enseñarlos a tu familia.

- Dejando diariamente que Dios te ayude a alinear tus decisiones y respuestas, hasta tu actitud y ambiciones, junto a Su punto de vista de la verdad.
- Tú aprendes continuamente acerca del carácter y los propósitos de Dios, tanto por la Biblia como por su Espíritu. Después, sin pedir disculpas, sincronizas tus convicciones con lo aprendido hasta cuando sea difícil y mal visto.
- Tú filtras cada circunstancia, personal y social, a través del prisma de Su Palabra en lugar de apoyarte en tus sentimientos, lo que está de acuerdo con la mayoría o las opiniones de los demás.

La verdad se convierte en el punto de partid y luego todo lo demás se ubica en un mejor lugar.

Considera la planificación y determinación proactiva que necesitas en tu vida para cumplir con el mandato de Deuteronomio 6:4-9 para tu vida. ¿Cómo pudieras implementar una estrategia para esto en tu vida en esta semana?

Yo no voy a asumir, y no puedo asumir, que porque estés participando en este estudio, estás de acuerdo de todo corazón con el principio de la lección de hoy. Simplemente el hecho de leer la Biblia no quiere decir que la hayas elegido como tu norma para la vida, de la misma manera que, porque una persona tenga una membresía en un gimnasio no quiere decir que se compromete a utilizar los equipos del gimnasio. La verdadera prueba viene cuando los ideales y la filosofía de nuestra sociedad se mueven en la dirección opuesta, y a pesar de eso, nosotros elegimos estar firmes y fuertes en la norma inmutable de Dios. Ha llegado el tiempo de que seamos personas que están ceñidas con la verdad.

Si eres padre, ¿cuáles son algunas de las maneras prácticas de enseñarles a tus hijos a ser inquebrantables leales y sin complejos con la verdad de la Palabra de Dios en medio de esta sociedad tan variable? Prepárate para conversar sobre esto con el grupo la próxima vez que se reúnan.

INFORMACIÓN TÁCTICA...

COMPROBACIÓN DE LA VERDAD

"Tienes cuarenta años".

Eso me dijo la doctora con una sonrisa cuando trataba de explicarme que algunas cosas en mi vida necesitaban ser modificadas. En las últimas dos décadas nuestras visitas anuales fueron bastante similares, pero ahora estaba usando un léxico diferente y dando directivas inusuales, usando palabras tales como *pre-menopausia*.

¿Pre qué? Después de eso, todo lo demás me sonaba como *bla, bla, bla*. No podía creer que me estaba diciendo esas cosas, ¡a mí! Todavía yo soy muy joven.

¿Es cierto? ¿O no?

Creo que por lo pálida que me puse y mi mirada perdida, la doctora se dio cuenta de mi estado. Pero cuando me tocó la rodilla, volví a la realidad, justo a tiempo para escuchar las siguientes instrucciones: "Necesitas incorporar ejercicios dentro de tu rutina, para fortalecer los músculos Priscilla. A esta edad, las mujeres comienzan a perder musculatura".

Otra vez me quedé en blanco.

Pero ella tenía razón. Y los días siguientes, comencé a preguntar cuáles serían los mejores ejercicios para fortalecer la musculatura central (músculos del abdomen y el torso). Cuando vi la demostración, no parecían tan difíciles. Así que comencé a hacerlos con entusiasmo, por dos minutos. En ese momento, me di cuenta de lo débil que eran mis músculos centrales. Hasta ese instante yo pensaba que era bastante fuerte. Pero cuando empecé a concentrarme activamente en los puntos débiles de mi torso, me di cuenta de cuánto trabajo me iba a costar fortalecerlos.

Tu enemigo está buscando tus debilidades, la zona más vulnerable en tu determinación para explotarla y sacar ventaja. Pero si no te das cuenta que tu compromiso con la verdad es débil, honestamente, no tienes manera de sentarte, menos aun de pararte firme.

Hoy quiero que tengas en cuenta las señales que muestran dónde están esas debilidades y que hagas un inventario de las áreas específicas que necesitan tu atención. Después nuevamente podrás pararte firme.

SÍNTOMAS DE UN NÚCLEO DÉBIL

Hay tres indicadores que ayudan a diagnosticar y descubrir la debilidad en el núcleo (el torso) de una persona. Observando estas condiciones físicas podemos tener una mejor idea, acerca de nuestra situación espiritual ,cuando estamos fortalecidos por el cinturón de la verdad.

1. UNA MALA POSTURA

Un núcleo (torso) fuerte nos ayuda a pararnos derechos y a mantenernos derechos por más tiempo. No solamente eso, a medida que el núcleo es más fuerte, es menos probable que te encorves bajo la presión, cuando llevas una carga pesada. Pero una persona con un núcleo débil, verá que los hombros se le encorvan cuando comienza el proceso del envejecimiento.

Escribe las palabras clave del párrafo anterior que describen las señales tempranas de un núcleo débil.

De la lista que sigue, elige un pasaje del Antiguo Testamento y uno del Nuevo Testamento. Escribe los efectos secundarios de una vida que no está ceñida con la verdad.

Antiguo Testamento:
Génesis 3:6,16-19
Números 20:7-8,11-12
Salmos 106:13-15
Jonás 1:1-4

Nuevo Testamento:
Romanos 1:21,24-32
Romanos 2:6-9
Efesios 4:14,18-19

Ahora, orando contesta las siguientes preguntas:
¿Podrías decir que tu postura espiritual actual es derecha? Si es así ¿cuáles son los indicios de eso? Si no, ¿cómo lo podrías describir y por qué?

¿Has notado últimamente un cambio en tu postura espiritual?

¿En qué ocasiones encuentras más difícil mantenerte firme espiritualmente? Marca todas las posibilidades que son posibles.
☐ Cuando la presión externa quiere que me adapte.
☐ Cuando debo defender mi fe o mi opinión.
☐ Cuando es difícil llevar la carga excesiva de dificultades y luchas.
☐ Otra:

2. PROPENSO A LAS LESIONES

Los músculos del torso son los que mantienen a la columna en su lugar. Cuando el torso es débil, cualquier actividad extenuante puede provocar que los huesos de la espalda se muevan más sueltos, más desprotegidos y que tu cuerpo sea más propenso a lesionarse.

Escribe con tus palabras la segunda señal de un núcleo débil.

De acuerdo con Efesios 4:26-27, ¿qué oportunidades usa el enemigo para infiltrarse en la vida de una persona?

Estar propenso a lesionarse no solamente es malo para las coyunturas y los músculos; es también malo para el corazón y las relaciones personales. La sensibilidad y facilidad para ofenderse es una de las formas clave en las que Satanás atrapa a los creyentes con su red de engaños.

Cuando fácilmente nos sentimos heridos por las palabras y las acciones de otras personas, y después elegimos compadecernos de nosotros mismos en lugar de perdonar y ofrecer gracia, le damos al enemigo muchas oportunidades de plantar la raíz de la amargura en nuestro corazón, que seguramente va a dar sus frutos podridos durante muchos años.

El fruto de la ofensa puede ser asombroso: los celos, la ira, el odio, la cólera, por nombrar solo unos cuantos. Por las Escrituras sabemos que no todo el enojo es pecado. Pero cuando persistimos en mantenerlo, cuando nos aislamos de ciertas personas o grupos de personas porque pensamos que están en contra de nosotros, le estamos dejando tomar el control sobre nosotros y sobre nuestra vida. Y realmente, cuando nos ponemos a pensar en ello, la ira a menudo está basada en una distorsión de los hechos, en una tergiversación de los detalles de cualquier situación que se encendió inesperadamente, y una percepción torcida sobre la verdad de quién es Dios y quiénes somos en Él.

Nos hemos olvidado que nosotros somos aceptados por Él, no importa lo que piensen o digan los demás. Nosotros que somos extremadamente culpables ante Él, y a pesar de eso somos recipientes de Su gracia. Y que como Sus hijos, cada día nos parecemos más a Él, y debemos extender gracia a los demás.

¿No es así como "la verdad" debiera interpretar y guiar la situación?

En una escala del 1-5 con cuánta facilidad…
…Te sientes lesionado y herido por las palabras y acciones de los demás

1   (2)   3   4   5

…Perdonas y superas las heridas pasadas, las pones atrás y sigues adelante
(1)   2   3   4   5

…La gente se siente cómoda alrededor de ti, en lugar de tener siempre miedo de ofender tus sentimientos
1   2   (3)   4   5

En el transcurso de un mes, ¿con qué frecuencia dejas que "se ponga el sol sobre tu enojo"?

3. LA FATIGA DEL CUERPO

Incluso si tu propio núcleo (torso) no muestra signos evidentes de debilidad, sus defectos pueden manifestarse en otros grupos de músculos. Cuando los músculos centrales (del torso) no están fortalecidos, no pueden proveer el nivel de fuerza que necesitas para los movimientos del cuerpo.

Subraya la última frase en el párrafo anterior.

Cuando estás firme en la verdad de Dios tal como se revela en su Palabra, cuando la verdad es central en tu existencia, la fuerza se nota en todas las otras áreas de tu vida. Todos tus movimientos y actividades (trabajo, escuela, ministerio, relaciones) testifican del poder de Dios obrando en tu vida. Son beneficiarios del favor y la sabiduría divina. Tu confianza firme en sus promesas no solamente te da valor santo, sino también la musculatura espiritual necesaria para llevar a cabo lo que Él te llama a hacer. Así que hasta cuando enfrentes un reto, puedes sentir el peso total y el soplo del Espíritu de Dios resonando detrás de ti.

Por otro lado, sin embargo, cuando tú no estás ceñido con la verdad de Dios, la naturaleza mediocre, agotadora, frustrante de tu relación con Él, debilita todo lo demás en lo que participas.

Elige uno o dos adjetivos, de la lista de abajo, para decir cómo te sientes, cuando estás ocupado en alguna de estas áreas de tu vida:
Trabajo

Familia

Ministerio

Pasatiempos

¿Cuáles de tus frustraciones en cualquiera de estas áreas pudieran estar relacionadas con tu negligencia o rechazo de la verdad de la Palabra de Dios?

COCIENTE DE VERDAD

Basado en la auto evaluación de la lección de hoy ¿cómo estimas la fuerza de tus músculos principales? Cada uno de los siguientes indicadores: postura, elasticidad, resistencia, pueden indicar tu condición actual. Fortalecer tus músculos espirituales al principio puede ser difícil, lo mismo que fortalecer los músculos de tu cuerpo, pero con el paso del tiempo te darás cuenta que:

• Puedes caminar derecho por más tiempo;
• Puedes mantenerte fuerte aún bajo la presión y el estrés;
• Puedes aceptar las criticas sin ofenderte;
• Puedes sentirte menos incómodo con tus convicciones;
• Puedes sentirte rejuvenecido, refrescado, espiritualmente ceñido con poder y fuerza.

No serás más una de esas personas débiles arrastradas por sus impulsos (2 Timoteo 3:6), sino que serás fuerte y firme ceñido con el cinto de la verdad de Dios. No solamente sabrás donde va a atacarte el enemigo (como estudiamos la semana pasada) sino que tendrás suficiente musculatura como para mantenerlo alejado.

Sabes, en mi opinión, ya te ves más fuerte.

INFORMACIÓN TÁCTICA...

LA PERCHA

El cinturón del soldado romano cumplía varios propósitos. Como ya hemos dicho, uno era reforzar y fortalecer el núcleo (torso). Pero otro propósito igualmente importante era que el cinturón aseguraba varias piezas de la armadura y las mantenía en su lugar.

Su espada y daga, por ejemplo, estaban sujetas allí para tener un rápido acceso. La coraza pesada que protegía al corazón y los órganos vitales del soldado, también estaba conectada al cinturón. También, como digo en el video, era donde el soldado sostenía su túnica para evitar tropezar durante una batalla.

Así que el cinturón tenía tres funciones:
1. Daba apoyo al torso (núcleo)
2. Sostenía y estabilizaba las otras piezas clave de la armadura
3. Aseguraba la túnica
Ayer tratamos la #1. Hoy vamos a considerar la #2 y #3.

MANTENERLO UNIDO

Un soldado sin su cinto era como un policía sin la funda para su pistola. Sin algún lugar para guardar algo. Piense como eso complicaría las cosas, tal vez produciendo un peligroso efecto dominó. Sin esto, el legionario tendría que acarrear la espada en una mano y la daga en la otra, y esperar y orar que no necesitaría una tercera mano para hacer otra cosa, como tal vez protegerse con el escudo, o usar sus puños para luchar con ellos, o alcanzar otra arma. Por otra parte, si no tenía un lugar donde enganchar la coraza y mantenerla firme, se arriesgaba a dejar el pecho al descubierto expuesto a las flechas encendidas del enemigo. El cinturón, en otras palabras, era como una percha que era necesaria para organizar, asegurar y estabilizar al resto del equipo.

Saltemos adelante para considerar las otras piezas de la armadura, concentrándonos en su descripción o virtud espiritual. Esto nos ayudará a ver como la verdad es en realidad la estabilizadora de todo lo demás.

- **JUSTICIA** (v. 14) significa vivir correctamente, es el proceso por el cual aplicamos la verdad en nuestras vidas, produciendo una conducta que honra y agrada a Dios.
- **PAZ** (v. 15) es la estabilidad profunda, interior y eterna que posee el creyente en virtud de su relación con Jesús, una estabilidad que no está sujeta a las circunstancias externas. También es la cualidad que nos permite vivir armoniosamente con los demás.
- **FE** (v. 16) es la aplicación de lo que se cree, el proceso de cimentar la verdad de Dios y vivir bajo la luz de ella, en términos prácticos.
- **SALVACIÓN** (v. 17) es tanto nuestra seguridad eterna con Jesucristo, como la herencia completa que recibimos por medio de nuestra relación con Él. Incluye nuestras bendiciones, posición e identidad, todo lo que recibimos que nos ayuda a vivir victoriosamente para Él.
- **LA PALABRA DE DIOS** (v. 17) Es Su Palabra personal, presente y relevante para nosotros hoy. La Biblia puede ser un libro viejo, pero el Espíritu de Dios hace que cada día esté fresca, nueva y viva para nosotros.
- **ORACIÓN** (v. 18) No es solamente la manera en la que nos comunicamos con Dios, sino también el método divinamente autorizado con el que podemos sostenernos en Cristo y ganar acceso a Sus promesas, poder y victoria.

Muy bien, ahora es tu turno. Usando esta información, llena la tabla que sigue describiendo cómo el cinturón de la verdad es la "percha" para cada uno de ellos.

JUSTICIA	*La VERDAD es el Espíritu de Dios que vive en mí. Por esto puedo vivir de una manera que honre a Dios.*
PAZ	
FE	
SALVACIÓN	
LA PALABRA DE DIOS	
ORACIÓN	

¿De qué sirve un soldado en una batalla si no tiene las manos libres? Hay que hacer frente a los ataques del enemigo de los que hay que defenderse. Sin la posibilidad de moverse rápido y con agilidad, no hay respuesta posible a los avances del diablo y sus demonios. Pero con la verdad a bordo, puesta donde debe estar, ¡estas manos están listas para luchar!

Lo bueno es que la verdad está de nuestro lado.

Es interesante notar que el cinturón del soldado no solamente estabiliza a las otras piezas de la armadura, sino que también soporta algo del peso, aliviando la presión de los hombros. Sin él, el soldado estaba forzado a llevar el peso de todo, especialmente la incómoda coraza, que le quitaba energía, haciéndolo menos eficiente en la batalla.

El peso total de la armadura del soldado (incluyendo las raciones de comida) era alrededor de 66 libras.[2]

¿Ves la conexión espiritual? Sin el cinturón de la verdad, estás obligado a cargar por ti mismo, con toda la responsabilidad del peso de tu propia "coraza", de tu propia "justicia". En lugar de dejar que Dios cumpla los requerimientos para la justicia, estás en el anzuelo para él. En lugar de que Dios te haga aceptable a Sus ojos por medio del sacrificio de Su Hijo, tú eres responsable de presentarte un día sin mancha y perfecto delante de Sus ojos. ¡Buena suerte con eso! Pero con la verdad de Dios alrededor de ti, no tienes esa presión. La Palabra de Dios, la verdad, revela que la justicia te fue dada por medio de la fe en Jesucristo como un don gratuito, liberándote así de vivir con todo el peso del pecado sobre tus hombros.

Hemos considerado a la verdad como la "percha", pero ¿de qué otras maneras piensas que la verdad también te ayuda a cargar parte del peso y las responsabilidades de las otras virtudes espirituales?

LIBERTAD DE MOVIMIENTO

Efesios 6 es el único lugar en las Escrituras donde el término "ceñidos" se menciona en un contexto militar. Ceñir era la acción de juntar una larga túnica drapeada y meterla dentro de la faja para permitir que las piernas se movieran libremente. "Generalmente se acepta el hecho de que las túnicas militares eran más largas que las civiles"[3]. Pero tanto los militares como los civiles usaban túnicas.

En otras partes de las Escrituras, ceñirse generalmente se refiere al hombre judío que se levantaba la larga toga tradicional drapeada cuando iba a cumplir una tarea o actividad que requería que se moviera o estuviera activo. De la misma manera que para el soldado, el propósito de ceñirse era moverse y evitar caerse para experimentar la libertad de movimiento. Al restringir la túnica, se liberaban los pies.

Escribe Juan 8:32 palabra por palabra.

conhuneis va verdade, e a verdade vos libertara

Piensa en 1) el versículo que acabas de escribir, 2) lo que aprendiste acerca de la verdad durante esta semana y 3) las oraciones destacadas en el párrafo anterior, ¿qué relación existe entre los tres? ¿Cómo procesarías y resumirías lo que te está diciendo?

Aunque probablemente este no es el significado exacto que Pablo decía cuando hablaba de ceñirse los lomos, la sociedad y el contexto de esta acción nos muestran una ilustración acertada y una lección espiritual. A menudo, cuando Dios quiere que avancemos con Él al siguiente nivel, puede exigir que "nos ciñamos la túnica", para restringir ciertas cosas dentro de los límites marcados por Su verdad. Cuando te sometes voluntariamente, te espera la libertad verdadera. No puedes avanzar exitosamente en contra del enemigo y evitar caer en el error, a menos que estés dispuesto a someterte a la verdad de Dios.

Sin la verdad, sin una norma absoluta y no negociable, no hay una libertad real. Sin las reglas que son esenciales y tienen autoridad sobre nuestra experiencia, cada uno es gobernado por su propio principio auto regulado, que puede ser defectuoso y hasta peligroso para los demás.

Aquí va un ejemplo: Si vives en los Estados Unidos tú posees ciertos derechos inalienables que son solamente tuyos en virtud de donde vives. Pero porque la nación sea "libre" no quiere decir que estás libre de hacer lo que quieras. Hay límites y leyes a las que todos deben someter su libertad. Sin estos límites, la definición personal de libertad puede infringir las libertades personales de los demás. Así que las leyes nos limitan, sí, pero hacen algo más: nos liberan para vivir pacíficamente, cómodamente, y plácidamente con los demás.

Anota alguna circunstancia en la cual hayas actuado mostrando tu lealtad a la verdad de Dios, que puede parecer restrictiva al principio, y que como resultado experimentaste más libertad.

Legalismo es "el acto de poner la ley por encima del evangelio estableciendo requerimientos para la salvación más allá del arrepentimiento y la fe en Jesucristo. El legalismo reduce los preceptos generales, amplios e inclusivos de la Biblia a códigos rígidos y estrechos."[4]

¿Qué diferencia hay entre alinearse con la verdad y el legalismo? ¿Por qué el legalismo limita y la verdad nos hace libres? (Ya sé que es una pregunta difícil, pero medita en ella y prepárate para discutirla con el grupo).

¿Qué otras cosas en tu vida, hasta las buenas, necesitan ser "ceñidas" por ahora para poder avanzar con Dios al próximo nivel?

¿Cómo podemos enseñar a los jóvenes que la verdad es liberadora y positiva en lugar de restrictiva y triste?

El cinturón de la verdad. La percha para todo tu arsenal espiritual. Un lugar donde puedes colgar todas esas cosas que a menudo se enredan alrededor de tus pies e impiden tu libertad de movimiento. Por más que no nos guste como aprieta el cinturón, tiene la intención de abrirnos un mundo de oportunidades. Nos ayuda a alejar al enemigo y a mantenernos en el camino correcto. La verdad nos hace libres.

INFORMACIÓN TÁCTICA...

ANDA POR ESTE CAMINO

El problema acerca del engaño, es que es engañoso. Si siempre saliera directamente como la mentira que es, sería más fácil de detectar y más fácil de lidiar. Pero el engaño no es siempre directo. Es una mentira vestida con una versión torcida de la verdad. Es un fraude. Una ilusión. Un lobo vestido de oveja. No anuncia su llegada ni anuncia sus intenciones. No lleva un sello en la espalda o un tatuaje en el frente. Simplemente nos atrae con sus dedos tentadores hasta que, ¡nos atrapa!

> Discernir no es simplemente saber la diferencia entre lo que es correcto y lo que es incorrecto; sino cuál es la diferencia entre lo que es correcto y lo que es casi correcto. *Charles Spurgeon*[5]

Esta es la razón por la que es importante ceñirse con la verdad. Necesitamos algo garantizado que pueda levantar el disfraz del engaño y revelar la escurridiza etiqueta de venta. Necesitamos una manera de exponer que el mismo "Satanás se disfraza como el ángel de luz" (2 Corintios 11:14).

¿Qué perspectiva o actividades has visto recientemente en las noticias o en los medios sociales que parecen buenas pero cuando se comparan con las Escrituras no lo son?

LA LUZ BRILLANTE

Como recordarás, Pablo antes había explicado en la carta cada pieza de la armadura descrita en Efesios 6, incluyendo (por supuesto) la importancia de la verdad. Comparando a la verdad con un cinturón es otra manera de reiterar lo que ya explicó.

Lee Efesios 5:13 en el margen. En este versículo ¿qué palabras se relacionan con la verdad?

> Mas todas las cosas, cuando son puestas en evidencia por la luz, son hechas manifiestas; porque la luz es lo que manifiesta todo (Efesios 5:13).

¿Cuáles son algunas de las similitudes y las relaciones entre los resultados de la verdad y la luz?

Cuando Jerry y yo viajamos, tenemos que pasar el puesto de seguridad del aeropuerto como todos los demás. El oficial de la TSA (Transportation Security Administration) toma nuestras licencias de conducción y cuidadosamente escanea nuestras caras para estar seguro que somos quienes los documentos dicen que somos. Pero no se detienen allí. Siempre ponen nuestras licencias bajo algún tipo de escáner con luz para comprobar la autenticidad. Ese equipo puede detectar pequeños pedazos de información (como hologramas y cosas por el estilo) que están presentes en las licencias que el gobierno emite, pero que no se pueden ver a simple vista. No importa cuántas veces los Shirers hayan pasado por los puestos de seguridad en los aeropuertos, y no importa los muchos cientos de licencias que los agentes hayan examinado en su carrera, ellos no confían en su propia vista. Siempre pasan la identificación bajo la luz del escáner para estar seguros que lo que tienen en la mano en ese momento, es auténtico y no está falsificado.

La luz separa lo que es real de lo que no lo es.

Si los oficiales del TSA son tan cuidadosos para detectar los fraudes bajo la luz del escáner, ¿qué debemos hacer nosotros? ¿No es nuestra seguridad personal interna tan valiosa como la seguridad de nuestra nación? Por eso es que debemos exponer nuestros pensamientos y motivaciones a la luz; para descubrir cualquier trocito de engaño que esté tratando, desde el interior, de colarse a bordo.

Porque en otro tiempo erais tinieblas, mas ahora sois luz en el Señor; andad como hijos de luz (Efesios 5:8).

El engañador opera en la oscuridad. Y él espera que nosotros también lo hagamos. Mientras estemos tambaleándonos en la oscuridad, sin saber lo que es cierto y lo que no lo es, nunca podremos verlo como lo que realmente él es, y detectar las intenciones ocultas de sus planes. Lo que necesitamos es una luz que penetre en la oscuridad y que exponga todas sus maquinaciones, los sistemas y las ilusiones malignas. ¡Esa luz es la verdad de Dios!

El hecho es que nunca encontrarás a un mago tan asombroso en su oficio como el diablo en el suyo. Houdini no es nada en comparación con él. Satanás es un maestro ilusionista. Él nos pone un velo sobre los ojos, haciéndonos pensar que la felicidad existe donde no es verdad, y ofreciendo una seguridad que es falsa. Él hace parecer tentadora a la maldad y aburrida a la justicia y luego nos seduce por un camino oscuro que nos convierte en adictos, tristes y vacíos. Es por eso que una esposa se siente justificada para tener una aventura, o un adulto joven puede estar convencido de que no se va a dañar cuando juega con un fuego moralmente dudoso o un hombre de negocios se siente excusado de hacer negocios que no son honestos. De alguna manera el enemigo crea la ilusión en sus mentes de que ellos son la excepción de la regla.

¿Cuáles son algunas de las imágenes sociales y opiniones erróneas que tanto los adultos como los niños tienden a creer más?

Busca en diferentes versiones de la Biblia cómo se traducen las palabras que en el hebreo y griego originales revelan la estrategia del enemigo: *Ilusión, decepción, engaño, ideas engañosas, vacío, inútil, fantasía.*

¿Cómo se puede ver claramente la estrategia del enemigo detrás de esas filosofías o tendencias?

EL ASUNTO DE LOS SENTIMIENTOS

¿Por qué la luz? ¿Por qué la verdad? Porque nada en nuestras vidas es suficientemente estable para hacer lo que la luz y la verdad hacen.

Los sentimientos, por ejemplo. Los sentimientos cambian. Las emociones son inestables. La película correcta con la música adecuada y con una historia triste puede traer lágrimas a mis ojos y amenaza con entristecerme el resto del día. Pero después, de repente, uno de mis hijos dice o hace algo chistoso y me hace sonreír nuevamente. ¿Por qué? Porque los sentimientos cambian de acuerdo a los estímulos externos. A veces de un momento para otro.

Lo mismo pasa con la inteligencia. Hasta las personas más brillantes cambian sus ideas acerca de un tema, después de adquirir más información o de tener una nueva perspectiva. ¿Por qué? Porque las mentes cambian. A veces un día para otro.

¿Y qué pasa con tu interior? ¿Puedes confiar en tu audacia? Cada ser humano tiene una consciencia, ese instinto interno y profundo que nos guía moralmente. Pero nuestra conciencia es parte de nuestra humanidad, es frágil y susceptible al pecado, moldeada considerablemente por nuestro medio ambiente, nuestros padres, nuestros maestros y las circunstancias en nuestra vida. Sí, el Espíritu Santo despierta nuestra consciencia después que nacemos de nuevo, pero sigue siendo poco confiable como fuente total de la verdad. ¿Por qué? Porque hasta la consciencia puede cambiar. A veces en un momento acalorado, y más fácilmente, con el paso del tiempo.

No estoy sugiriendo que los sentimientos, inteligencia e instintos nunca pueden ayudarnos a tomar decisiones importantes. Simplemente estoy diciendo que a la larga, no podemos confiar en ninguna de estas cosas para que gobiernen nuestras vidas porque no son permanentes.

En una escala de 1 al 10, califícate en cada área. ¿Cuánto dependes de estos factores para guiarte al hacer una decisión de vital importancia?

Sentimientos
1   2   3   4   (5)   6   7   8   9   10

Inteligencia
1   2   3   (4)   5   6   7   8   9   10

Instinto
1   2   3   4   5   6   7   8   9   (10)

Experiencias pasadas
1   2   3   4   5   6   7   (8)   9   10

Cuándo estas herramientas han demostrado ser útiles para guiar tus decisiones, ¿usaste otras cosas para corroborarlas? Si fue así, ¿Qué? O ¿quién?

Lee cuidadosamente Números 20:7-12. Luego encuéntrate conmigo aquí para contestar algunas preguntas.

1. ¿Cuál fue la instrucción del Señor?

2. ¿ Qué parte de la instrucción siguió Moisés?

3. ¿ Qué eligió no obedecer?

4. ¿ Basado en Éxodo 17:5-6, ¿cuál habrá sido la razón fundamental para que Moisés tomara esa decisión?

5. ¿ Cuáles fueron las horribles consecuencias de las acciones de Moisés?

La decisión de Moisés le costó la mayor bendición de Dios. Él no iba a poder experimentar la abundancia de la tierra prometida porque confió en su propio entendimiento, sus sentimientos, sus experiencias pasadas, lo que haya sido, en lugar de seguir las instrucciones de Dios.

Ninguna de estas cosas es un compás exacto de la verdad de Dios. Cada una de ellas está sujeta a mancharse por el nocivo medio ambiente y todavía están en proceso de ser santificadas por el Espíritu Santo. Nunca van a ser guías perfectas, mientras que vivamos en este planeta con nuestros cuerpos carnales. Y nadie lo sabe mejor que nuestro enemigo, generalmente mejor que nosotros. Por eso él reviste sus decepciones de manera que ataca a nuestros sentimientos, incita a nuestros instintos o trae a la mente una experiencia del pasado, todo con la intención de convencernos de seguir adelante sin consultar con la verdad, desviándonos fuera del curso y apartándonos de la voluntad de Dios.

Nuevamente, esta es una razón suficiente de por qué necesitamos la luz brillante de la verdad de Dios, guiando, dirigiendo, regulando todo lo que se nos presenta. Nuestro trabajo como creyentes ceñidos de la verdad es calibrar nuevamente nuestros sentimientos, instintos y conciencia y alinear nuestra experiencia con esa verdad.

VIVIENDO BAJO LA LUZ

Ayer, miramos brevemente Juan 8:32, en donde Jesús les dijo a los judíos creyentes: "y conoceréis la verdad, y la verdad os hará libres". Pero el versículo anterior que es menos conocido y mencionado es muy importante también:

Léelo cuidadosamente::

> "Dijo entonces Jesús a los judíos que habían creído en él: Si vosotros permaneciereis en mi palabra, seréis verdaderamente mis discípulos;" (Juan 8:31).

Lee este versículo en diferentes versiones de la Biblia, y después escribe lo que consideres que es la enseñanza más importante que Jesús quiso dar con esta declaración.

"…Si se mantienen fieles a mis enseñanzas" (NKJV)

"…Si ustedes se mantienen fieles a mi palabra," (DHH)

"…Si ustedes permanecen en Mi palabra" (NBLH)

"…Si ustedes siguen obedeciendo mi enseñanza" (PDT)

"…Si os mantenéis fieles a mi mensaje" (BLP)

"…Si vosotros permaneciereis en mi palabra (RVR 60)

Otra vez Jesús les habló, diciendo: "Yo soy la luz del mundo; el que me sigue, no andará en tinieblas, sino que tendrá la luz de la vida" (Juan 8:12).

Cuando Jesús dijo que conocer la verdad "os hará libres", no se estaba refiriendo a una acumulación de conocimientos. Mucha información, aunque sea acertada, nunca ha hecho libre a nadie. Conocer las cosas sobre Dios no es lo mismo que honrarlo (Romanos 1:21). De hecho, es posible ser muy sabios y sin embargo ser necios (Romanos 1:22). La libertad viene a nosotros cuando, sin excusas, seguimos la verdad que descubrimos en Él y en Su Palabra. Caminando con ella, permaneciendo en ella, ordenando nuestros pasos y decisiones de acuerdo con ella, eso es lo que hace la diferencia. Eso es lo que desarma la influencia del enemigo y su efecto en nuestras vidas.

A medida que juntas la información para este último día de estudio y te preparas para mañana escribir tu estrategia de oración, pregúntate: "¿Me comprometí con la verdad de Dios para que sea la guía que dirija mi vida?" ¿Qué es lo que Dios me pide que haga como resultado de la verdad que conozco? Considera cuidadosamente cualquier área de tu vida en donde dejas que tus sentimientos, instintos o experiencias previas determinen tus acciones y luego alinea nuevamente tu lealtad a la "Luz de la Vida". No seas de las personas que caminan con una Biblia bajo el brazo pero que no están paradas firmemente en las enseñanzas de ella, ni la afirman ni la apoyan activamente. En lugar de eso pide al Señor que te dé valor para sostenerla como un estandarte sobre tu vida. Y entonces mientras andas, como Él anda, "... entonces tus oídos oirán a tus espaldas palabra que diga: Este es el camino, andad por él" (Isaías 20:21).

Después ve y anda por ese camino.

INFORMACIÓN TÁCTICA...

DÍA 5

SESIÓN DE ESTRATEGIA

Cuando se disciplinaba a los soldados romanos por mal comportamiento, el oficial superior a menudo los castigaba "haciéndolos pararse afuera del cuartel con la túnica pero sin el cinturón, así se veían ridículos con las largas túnicas y sin el cinturón que era lo que los distinguía como soldados".[6] Para ellos era vergonzoso ser vistos sin el cinturón. Castigados.

Después de todo, el cinturón los distinguía como soldados.

Hermano o hermana, eres un soldado en el ejército del Señor. Debes constante y consistentemente estar marcado con la verdad de Dios. Y debería ser vergonzoso, esta quizás sea una palabra muy dura, repito, debería ser vergonzoso que te descubrieran sin ella.

La verdad de Dios debería ser un estandarte que flameara alto en el mástil de tu vida y sobre aquellos que amas. La iglesia, como Su cuerpo y guerrero en contra de la oscuridad de la sociedad, debiera ser conocida por su compromiso con la verdad pura e inalterable de nuestro gran Dios. Sin esta norma vigente, vamos a estar siempre sujetos a caer en las tentaciones del enemigo.

La verdad. No salgas de casa sin ella.

Cuando estés preparando tu estrategia, toma un momento para considerar lo siguiente. El relato de Génesis de Adán y Eva es uno de los más conocidos en las Escrituras. Quizás seas tentado a no mirarla con mucho detenimiento, dado que la has leído docenas de veces, tal vez cientos de veces. Pero te suplico que lo hagas una vez más. El Espíritu Santo se complace en mostrar las viejas historias como si fueran nuevas y frescas, llenando hasta los topes con conocimientos renovados sobre Dios y colocándolos dentro de tu corazón.

Busca Génesis 2:16-17, y 3:1-6. Lee los dos pasajes cuidadosamente.

1.¿Cuál es la verdad, la norma establecida por Dios?

2.¿Qué le dijo el enemigo a Eva para distorsionar la verdad?

3.¿Qué fue lo que hizo el enemigo para que la propuesta fuera tan apelativa?

4.¿Cuál fue el efecto dominó de la decepción del enemigo?

Ahora personaliza la historia. ¿De qué manera singular presenta el enemigo sus artimañas para hacerlas atractivas para ti?

La falsedad del tentador en el jardín del Edén fue tan ingeniosa y sonó tan tentadora a la primera pareja, que pudo persuadirlos para que se rebelasen contra Dios, destruyendo la perfección no solamente para ellos mismos, sino también para todos sus descendientes, para todos nosotros. Ese fue un alto riesgo. Debe haber sido una falsa ilusión muy fuerte. Aún en el lugar perfecto, con identidades perfectamente intactas, en una relación perfecta con el Padre, dejaron que el enemigo los llevara por un camino que generaría consecuencias devastadoras para todas las generaciones. Él llamó la atención de Eva hacia lo que no podía tener, engañándola para que ignorara toda la abundancia que Dios le dijo que podían tener.

La estrategia de Satanás en tu contra es igualmente ingeniosa. Él planea atacarte en tus inseguridades y deseos más profundos con la intención de mostrarte cómo puedes llegar a ellas esquivando a Dios. Pero no vamos a caer en ellas nuevamente, ¿cierto? La luz de la verdad de Dios va a exponer cada una de las conspiraciones del enemigo.

Con la estrategia de oración que vas a crear, y con el cinturón de la verdad que tienes puesto, puedes estar ceñido y protegido desde ahora en adelante. Así que saca una o dos hojas del final del libro y comienza.

EL GUERRERO DIVINO

La exégesis del Nuevo Testamento generalmente usa pasajes del Antiguo Testamento para fundamentar su autoridad. Esto se cumple en la descripción de la armadura que hace el apóstol Pablo. El lenguaje que usa deliberadamente lo conecta con el libro de Isaías. Efesios 6 alude a la imagen de Yahweh representado como el Guerrero Divino.

> "Y la verdad fue detenida, y el que se apartó del mal fue puesto en prisión; y lo vio Jehová, y desagradó a sus ojos, porque pereció el derecho. Y vio que no había hombre, y se maravilló que no hubiera quien se interpusiese; y lo salvó su brazo, y le afirmó su misma justicia. Pues de justicia se vistió como de una coraza, con yelmo de salvación en su cabeza; tomó ropas de venganza por vestidura, y se cubrió de celo como de manto, como para vindicación, como para retribuir con ira a sus enemigos, y dar el pago a sus adversarios; el pago dará a los de la costa. Y temerán desde el occidente el nombre de Jehová, y desde el nacimiento del sol su gloria; porque vendrá el enemigo como río, más el Espíritu de Jehová levantará bandera contra él" (Isaías 59:15-19).

En el pasaje de Isaías el contexto de guerra es evidente. La nación de Israel, todo el pueblo de Dios, era corrupto y sus líderes inmorales. El culto puro a Jehová había sido reemplazado por una idolatría inexcusable y por las prácticas pervertidas de cultos como la brujería, la prostitución sagrada y el sacrificio de niños. En respuesta a esta desmoralización, Dios mismo responde poniéndose Su armadura, en esencia Su propio carácter y virtudes, para traer juicio y justicia. Y, lamentablemente, el enemigo no era otra nación pagana. En este caso era el mismo pueblo de Dios.

El tono de guerra provee el contexto para Efesios. Con la diferencia que ahora las buenas nuevas del evangelio cambian drásticamente la dinámica. Bajo el nuevo pacto establecido por Cristo, la hostilidad y la enemistad entre el Padre y la humanidad queda anulada. Ahora, eso que Jehová quería usar en contra de su pueblo, se lo da como un regalo, para que lo usen en contra del diablo y el dominio de las tinieblas. Con Cristo como la piedra angular, la iglesia está unida y preparada para avanzar como un cuerpo. Una unidad. Un guerrero divino. La iglesia es la presencia de Dios en la tierra a por medio de la cual Él continúa la guerra y reclama la victoria que ya ha sido asegurada por Su amado Hijo.

Por favor no se pierdan las hermosas e impresionantes implicaciones: tu armadura es la armadura del mismo Jehová, que te fue dada como un regalo y que está autorizada por Su Espíritu para asegurar tu victoria.

3

SEMANA 3

LA CORAZA DE JUSTICIA

Efesios 6:14

La _falta de justicia_ es la _invitacion_ del enemigo.

En Efesios 6:14 Pablo dice, "vestidos con _la coraza de la justiça_.

Vivir vestidos con la justicia es vivir rectamente de acuerdo a las _expectativas_ de Dios.

Debemos _Afirmar_ la norma de Dios y _alinear_ nuestro comportamiento a Su norma.

El objetivo del enemigo es descarriar el tren de tu comportamiento de las vías de la _Verdad_ de Dios.

Romanos 7:24

El cinturón de la _Verdade_ acarrea el _peso_ de nuestra búsqueda de _justicia_.

Filipenses 3:9   1 Pedro 2:24
Romanos 5:19   2 Corint. 5:21
Efesios 1:13-19

El _Espíritu Santo_ de Dios viene a vivir en ti,
permitiéndote hacer lo que no puedes hacer con tu propio _poder_.

2 Corint. 5:17   2 Timoteo 2:13

La santificación es el _proceso_ por el cual eres _moldeado_
moldeado por el Espíritu Santo a la imagen de _Jesús_ _Cristo_.

La justicia no es _creada_, es _Liberada_.

La obra del Espíritu Santo es _elimina todo_ lo que no se parece
a _Jesús_.

Tu _corazón_ es el _centro_ de tu alma.

Tu conciencia es el _micrófono_ que el Espíritu Santo usa para que
puedas escuchar la _voz_ de Dios en tu vida.

El inimigo quer o nosso coração
Porque Dele procede todas as coisas
É o orgão espiritual mais vital.
O coração é o centro.
Gálatas 5:16

LO ESENCIAL [EL CORAZÓN] DEL ASUNTO

El corazón. Es sin duda el órgano más importante de todo el cuerpo.

En este momento que estamos estudiando, tu corazón está latiendo en tu pecho, repartiendo la sangre por tus venas y arterias, cargando oxígeno y otros nutrientes y llevándolos a los lugares donde se convierten en pura energía. Por eso un corazón débil o funcionando mal afecta considerablemente a todo el sistema de una persona. Sin la acción continua del corazón, el cuerpo siente el efecto debilitante, hasta que por último, deja de funcionar por completo.

> Sobre toda cosa guardada, guarda tu corazón; Porque de él mana la vida (Proverbios 4:23).

Así que el corazón es el centro de tu vida. La fuente. Y lo que el corazón es para tu vida física, el corazón espiritual lo es para tu vida espiritual.

Usando el párrafo anterior como guía, ¿cómo describirías las acciones vitales con las que tu corazón espiritual, contribuye a tu vida espiritual?

> La palabra griega para coraza es *thoraka* dado que estaba designada para proteger al tórax, que es el tronco o pecho.[1]

¿Qué nos manda Proverbios 4:23 con respecto al corazón? Ver al margen.

Guardar o coração

¿Por qué crees que esto es necesario?

Porque dele mana a vida e es filtros necesarias

GUARDA TU CORAZÓN

> "La cota [especie de chaleco] de malla, estaba hecha de anillos de hierro de 7 milímetros de diámetro, cocidos a una tela de fondo."[2]

Una vez que el soldado romano se ceñía el cinturón (el tema del estudio de la semana pasada), entonces se ponía la coraza. La coraza era un escudo de metal (generalmente de bronce) y se colocaba sobre la parte del medio desde el cuello hasta los muslos. En la época de Pablo un legionario romano típico, usaba esta pieza de protección (llamada la *thoraka*) sobre una prenda de cuero. Y si era suficientemente rico, también usaba una <u>chaqueta (cota) de malla</u> sobre la coraza para tener más protección.

El propósito de todas estas capas era proteger a los órganos vitales, particularmente al corazón. En el caso de un ataque directo al cuerpo del soldado, usar la coraza podía significar la diferencia entre la vida y la muerte. Un ataque de la espada de un enemigo podía detener los latidos del corazón.

Busca la imagen del soldado romano en el lado interior de la tapa posterior. Usa Efesios 6:14 para rellenar la virtud espiritual que Pablo asocia con la coraza.

A continuación escribe tu propia definición de esa virtud.

¿Por qué crees que es un requisito necesario ponerse el cinturón de la verdad antes de ponerse la coraza de justicia?

Justicia, es la cualidad de ser honesto, cumpliendo con las expectativas en una relación. En nuestro caso como creyentes, esa relación es con el mismo Dios. Justicia, entonces, es vivir honestamente estando de acuerdo con las expectativas de Dios.

Lee nuevamente y escribe la última frase del párrafo anterior. *Justicia, en todos, es vivir honestamente estando de acuerdo con las expectativas de Dios.*

Esta definición es similar a lo que estudiamos la semana pasada, cuando hablamos sobre la verdad, pero hay algo que hace que la justicia sea la más práctica de las dos. Mientras que la vida de una persona ceñida con el cinturón de la verdad afirma las normas de Dios, una persona que se coloca la coraza de justicia alinea su vida con esas normas. La verdad provee el lienzo; la justicia pinta el cuadro. Justicia es vivir correctamente, andar "como es digno de la vocación con que fuisteis llamados" (Efesios 4:1).

Explica la diferencia entre verdad y justicia.

¿Cómo crees que "vivir correctamente" puede guardarte en contra de los ataques del enemigo en tu vida?

El año pasado antes de salir con mi familia en un largo viaje ministerial, limpié el refrigerador y la despensa de toda la comida que se pudiera echar a perder durante nuestra ausencia. Pero con toda la actividad y el caos limpiando y empacando para los cinco, me olvidé por completo de una fuente de frutas que siempre tenemos en el centro de la mesa de la cocina. Los plátanos y las manzanas estaban en el preciso momento en que deben ser consumidas antes de que se echen a perder. Pero no me di cuenta y las deje allí. Por diez días.

Así que ustedes se imaginarán que clase de amigos habían hecho para cuando volvimos a casa. Las moscas de las frutas volaban por todos lados, estaban en todos los rincones y recovecos. Nos acosaban cuando nos parábamos o sentábamos en esa parte de la casa. Y les dábamos manotazos, las soplábamos, espantamos y hasta llegábamos al punto de querer gritar.

No sé si alguna vez has tratado de erradicar a esos insectos, pero prepárate para una tarea ardua y exhaustiva. Encontré muchas soluciones en el internet (¡y las probé todas!) Pero cuando pensábamos que se habían ido, aparecían más. Y más. O vinieron todas juntas desde el principio, o tuvieron muchos hijos desde que llegaron allí.

Pero el asunto es que: yo no las invité para que vinieran a mi casa. Todo lo que tuve que hacer fue crear un ambiente apropiado, y ellas se invitaron a ellas mismas. El ambiente que yo personalmente creé fue la invitación.

El enemigo aprovecha todas las oportunidades para meterse dentro de nuestra experiencia. Y la falta de justicia es la invitación que necesita para mandar a sus demonios con una misión. Esto no solamente deja la puerta abierta, también coloca una alfombra de bienvenida en la puerta de nuestra alma. En realidad atrae la intrusión del enemigo en nuestras vidas, permitiéndole que se sienta como en su casa. "Y al que sabe hacer lo bueno, y no lo hace, le es pecado" (Santiago 4:17). Y el pecado te deja expuesto a los golpes de Satanás.

El corazón es uno de sus blancos principales y mortíferos.

En tu vida o en la vida de alguien que amas, ¿cuándo has visto decisiones y comportamientos errados que han sido "la alfombra de bienvenida" para que se infiltre la actividad demoníaca?

CORAZÓN Y ALMA

Probablemente, la mayoría de nosotros tenemos nuestra propia idea de lo que la Biblia quiere decir cuando se refiere al corazón, pero investiguemos más profundamente para clarificar la idea.

Los seres humanos están hechos de tres partes bien diferenciadas: 1) cuerpo, que te permite relacionarte con el mundo físico; 2) espíritu, que te permite relacionarte con Dios; y 3) alma, que te permite relacionarte contigo mismo. Tu alma es lo que te hace un individuo único. Es tu personalidad, tu naturaleza interna diferente y está formada por cuatro factores importantes:

- Mente (tus pensamientos)
- Voluntad (tu ambición)
- Emoción (tus sentimientos)
- Conciencia (tu compás moral)

Cuando las Escrituras hablan de tu corazón, se refieren a la intersección de estas cuatro características internas. El corazón es el centro del alma.

Dadas las cuatro partes del alma, ¿por qué crees que esta es el blanco principal del diablo?

Obsérvalo trabajando en los cuatro niveles:

•Tu mente: Distorsionando tu pensamiento con mentiras acerca de Dios, Su Palabra, hasta tú mismo, tratando de paralizar tu alma con un proceso de pensamiento negativo y contrario a la Biblia.

•Tu voluntad: Alejando tu búsqueda de logros piadosos y eternos desviándote hacia intereses que son temporales, con poca visión y hasta directamente opuestos a la voluntad de Dios.

•Tus emociones: Jugando con tus sentimientos, provocando respuestas como el enojo, el desaliento, la revancha o la tristeza para persuadirte a tomar decisiones inestables.

•Tu conciencia: Influyendo en tu conciencia para que vivas de una manera que no está de acuerdo con los principios bíblicos.

Cuando tú y yo elegimos no alinear nuestras acciones con la verdad de Dios, cuando vivimos en franca rebelión en contra de su voluntad, dejamos nuestro corazón expuesto para que Satanás pueda tomar imágenes claras.

Trata de personalizar esta enseñanza. Has visto al enemigo tratando de atacar tus:

• ¿Pensamientos?

• ¿Ambiciones?

• ¿Sentimientos?

• ¿Conciencia?

Usar el cinturón de la verdad, poniéndose los zapatos y el yelmo, usando el escudo o la espada, no sirven para nada si dejamos al corazón descubierto para que el diablo nos ataque de frente. Tienes que proteger intencionalmente este órgano que bombea vitalidad en tu vida espiritual. Así que ora fervientemente. Busca de lleno a Dios. Pídele que te revele si tienes algo malo en tu vida que atrae a las molestas mosquitas de actividad demoníaca. Después confiesa y arrepiéntete, destruyendo así las acusaciones del enemigo.

Pero no importa en qué estado esté tu alma en este momento, y no importa cuán lejos estés de una vida recta, no te desanimes. Una infusión repentina de justicia puede cambiar todo el entorno, a veces muy rápidamente. (Lee Salmos 81:13-14).

Así que limpiemos nuestra casa y guardemos nuestro corazón comenzando hoy mismo.

INFORMACIÓN TÁCTICA...

DÍA 2

LA LIMPIEZA TOTAL

Lo que la coraza hacía para el corazón del soldado romano, la justicia lo hace para el corazón espiritual. Lo guarda. Lo cuida. Lo protege de los intentos del enemigo de atacar fatalmente este órgano que da vida a tu alma. Pero para entender cómo usar esta pieza de la armadura espiritual, necesitas entender qué es la justicia y cómo funciona.

LAS MUCHAS CARAS DE LA JUSTICIA

El concepto de justicia es mencionado muchas veces en las Escrituras, en diferentes ocasiones, y quiero que las estudiemos juntos. En los próximos días vamos a meternos en terrenos teológicos, pero no te sientas abrumado. Sigue conmigo un poco más y todo va a tener sentido. Así que detente y escucha a la voz de Dios mientras estudias conmigo.

Aquí vamos.

1. JUSTICIA PERFECTA

Dios es perfecto, esa es su norma de justicia. Cuando vemos este tipo de justicia, parece que usar la coraza es totalmente imposible. Si lo tratamos de hacer por nuestra cuenta, nunca podremos alcanzar esta norma. Como un simple ser humano con el ADN de Adán y Eva en nuestros cuerpos, no somos, repito: NO somos, justos. "Por cuanto todos pecaron, y están destituidos de la gloria de Dios" (Romanos 3:23). Incluso el más bondadoso entre nosotros, en nuestro mejor día, lamentablemente está muy lejos de las expectativas de Dios.

Lee Romanos 3:10-12 e Isaías 64:6. ¿Cuál es el principio fundamental en estos dos pasajes?

Si a lo que se estaba refiriendo Pablo era a la perfección Dios cuando nos manda a ponernos la coraza de justicia, entonces todos estaríamos en un gran problema. Quiero decir, ¿a quién estamos engañando aquí? La perfección es completamente imposible, es una misión completamente irracional (créeme, lo he intentado). Y al enemigo le gustaría usar esto para su ventaja. Nos incita a buscar el perfeccionismo en lugar de buscar a Dios. Si no tenemos cuidado, esta búsqueda puede convertirse en el pozo sin fondo de la idolatría. Él nos va a amarrar con grilletes que nos van a dejar en un estado de total agotamiento, mientras que estamos trabajando enloquecidamente, tratando de probar que estamos aptos para el cielo. Mientras tanto, la coraza que nos protege en contra de él, queda sin usar, sin gastarse. Irónicamente, la búsqueda de la perfección puede ser una atadura como la adicción al alcohol o a la pornografía.

¿Luchas por ser perfeccionista? Sí es así ¿cómo afecta esto a tu vida?

Lee 1 Reyes 12:25-33 para ver un ejemplo bíblico de alguien que busca ajustar la norma de Dios para acomodarse a los objetivos y conveniencia personal.

¿De qué forma este perfeccionismo está enraizado en tu deseo de ganar la aprobación de Dios? ¿O el deseo de ser aprobado o elogiado por otras personas?

Dado que la perfecta justicia de Dios es un objetivo inalcanzable de lograr por nosotros mismos, entonces, ¿cuál es la solución? ¿Cómo nos podemos liberar de nuestra manera legalista de actuar, mientras al mismo tiempo cumplimos con la norma de Dios y usamos la coraza que nos protege de los ataques demoníacos? Bueno, podemos bajar o modificar la norma de Dios ¿verdad? Muchas veces queremos que Él sea como un maestro de escuela que establece la puntuación siguiendo una curva, bajando los requisitos para obtener la nota que nos permite pasar de grado. Pensamos que Él debería ajustar su norma a nuestra conveniencia. Ser más tolerante. Bajar sus expectativas hasta nuestro nivel, diciendo que nuestro estilo de vida es "justo" cuando en realidad es una versión modificada y diluida de su justicia.

"Porque ignorando la justicia de Dios, y procurando establecer la suya propia, no se han sujetado a la justicia de Dios" (Romanos 10:3).

Lee Romanos 10:3 en el margen. *Subraya* la porción del versículo que describe lo que Pablo dice que estas personas están tratando de hacer. *Encierra* en un círculo lo que dice que no hicieron. Anota alguna manera específica que hayas notado en la que la gente trata en establecer su propia norma de justicia.

¿Es posible que sin saberlo o inadvertidamente hayas ajustado las normas de Dios a lo largo de tu vida, para adaptarlas a tu conveniencia personal o tradiciones? ¿Pudiera ser que estuvieras tratando de hacerlo ahora?

2. JUSTICIA COMPARADA.

Muy bien, quizá no sea el perfeccionismo el que te atrape. ¿Pero qué sobre esto? En I Samuel 24, la epopeya de la relación difícil entre Saúl y David alcanzó un momento climático. El rey Saúl, extremadamente celoso de la popularidad de David entre el pueblo, decidió matar a su supuesto rival. Y David junto con su pequeño grupo de soldados, se había escondido en una cueva para mantenerse fuera de peligro. Pero surgió una situación muy difícil cuando Saúl entró en la misma cueva "para cubrir sus pies" (v. 3), sin darse cuenta que David estaba escondido en esa cueva observando cada movimiento que él hacía.

Saúl estaba allí mismo. En una posición completamente vulnerable. David podría haberse arrastrado en las sombras y terminar con la persecución de manera sangrienta. Pero en cambio, "se levantó David, y calladamente cortó la orilla del manto de Saúl" (v. 4). No fue hasta después que Saúl terminó, salió de la cueva y estuvo a una distancia fuera de peligro que David salió, llamó al rey, se inclinó ante él, y le mostró la orilla del manto como una prueba de que podía haber herido a Saúl pero no lo hizo.

Lee I Samuel 24:16-17 para ver qué pasó después.
¿Cuál fue la respuesta emocional de Saúl frente a lo que había hecho David? (v. 16)

¿Cómo midió Saúl su propio nivel de justicia? (v. 17)

La comparación se usa a menudo como un método para determinar la justicia propia. Pero la comparación nunca es un barómetro preciso, porque la justicia está siempre adherida a la norma perfecta de Dios. Así que hasta cuando tus acciones (o las de otros) son mejores que las acciones de los demás, siguen sin ser tan buenas como las de Dios.

La comparación alivia pero también engaña, haciéndonos sentir justificados con las acciones pecaminosas. O puede ser desalentador cuando sentimos que otros están haciéndolo mejor que nosotros. En cualquiera de los casos es inexacta y engañosa, y el diablo se alegra cuando lo hacemos. Él se esfuerza en que sigamos mirando a los demás en lugar de solamente mirar a Dios.

Se honesto. ¿Quiénes son las personas, amigos o incluso extraños, con los que tiendes a compararte?

¿Cómo te sientes cuando te mides a ti mismo mejor que a ellos? Encierra en un círculo algunos adjetivos.

Superior • justificado • orgulloso • dotado • maduro • inteligente • confidente

¿Cómo te sientes cuando te mides peor que ellos?

Deprimido • inferior • débil • ignorante • resignado • avergonzado • arrepentido

La justicia perfecta de Dios puede ser desalentadora porque no tenemos esperanza de lograrla por nuestros propios medios. Y la justicia comparativa es engañosa porque nos estamos comparando usando una medida inadecuada. Así que ninguna de estas opciones puede ser la coraza a la que se está refiriendo Pablo. Tiene que existir otra forma, una manera que es verdaderamente justa. Sin ser perfectos, sin tratar de ser mejores que todos los demás.

Afortunadamente, sí la hay.

La tercera opción nos ayudará a encontrar el camino.

3. JUSTICIA ATRIBUIDA

La cruz nos liberó de la culpa por nuestros pecados. No significa solamente que nos declaró limpios. (*"¿Todo ese pecado tuyo? No lo tengamos en cuenta ¿de acuerdo?"*) Tus pecados y los míos requerían un pago justo: La muerte. Y Jesús lo pagó. Para todos los que lo reciben a Él, por medio de la fe.

Honestamente, si esto es la suma total de todo lo que la cruz logró por nosotros, no recibir lo que merecemos: la separación eterna de Dios en el infierno, este hecho por sí solo debería ser suficiente para que estemos eternamente agradecidos y nos arrodillemos todos los días con profunda adoración.

La cruz no solamente te sacó algo. También te dio algo milagroso. #LaArmaduradeDios

Pero la cruz es realmente el regalo que nunca se acaba. Porque no solamente nos saca algo sino que milagrosamente nos da algo.

Abre la Biblia en Romanos 4:22-24 y medita en estos versículos a la luz de Génesis 15:6 impreso en el margen. ¿Qué hizo Abraham?

"Y creyó [Abraham] a Jehová, y le fue *contado* por justicia" (Génesis 15:6). [Énfasis añadido]

¿Cuál fue la respuesta de Dios?

¿Por qué se menciona nuevamente la historia de Abraham en el Nuevo Testamento?

¿A quién se aplica esta promesa?

Cuando confías en Jesús como tu Salvador personal, se elimina el pago del pecado y recibes el regalo de la propia justicia de Dios (Imputada). Se "acredita" a tu cuenta espiritual. La perfección y la santidad de Dios son tuyas en Cristo.

Así que cuando Dios te ve ahora, no ve más tu humanidad, tu fragilidad, tu pecado, tu falta de justicia. Él te ve a través del filtro manchado de sangre de Su propio Hijo, el cordero perfecto de Dios. Ya no necesitas extenuarte buscando la perfección. Ya eres total, completa y perfectamente justo porque Cristo te regaló Su justicia.

La justicia perfecta te desanima.

La justicia comparada te engaña.

La justicia atribuida te define y te declara inocente ante todos los acusadores.

Ahora escúchame bien. El enemigo está constantemente en pie de guerra para impedirte que te des cuenta que tienes este regalo y como usarlo. Él

La plenitud del perdón sobre las ofensas pasadas y la integridad del carácter que pertenece a la vida justificada están entretejidas dentro de una [coraza] impenetrable.
G.G. Findlay[3]

no quiere que descanses en el hecho de que tus pecados fueron perdonados completamente, que tu estado y posición actual es estar completamente justificado delante de Dios. En tanto que no te veas a ti mismo como justificado, como un santo hijo de Dios, no podrás nunca moverte usando la coraza que le impide atacar la parte más vulnerable de tu vida, tu corazón. Él sabe que nuestro conocimiento y aceptación de la justicia imputada es la clave.

Así que escúchame bien claro: TU HAS SIDO JUSTIFICADO.

Seriamente, dilo en voz alta para que el diablo lo escuche y esté seguro que no estás jugando:

"¡YO HE SIDO JUSTIFICADO!"

En este momento estás sosteniendo este libro. Cuando laves los platos después de la cena esta noche. Cuando tengas dificultades en tu trabajo. Cuando trates de que el matrimonio no se rompa. Cuando estés luchando con emociones problemáticas. Cuando estés tratando de mantenerte financieramente a flote. No importa lo que las circunstancias actuales o pasadas te traigan. Ninguno de esos males de la vida puede sacarte lo que la cruz te dio. "...las cosas viejas pasaron; he aquí todas son hechas nuevas" (2 Corintios 5:17).

Y ahora, porque lo sabes, por eso puedes usar la coraza.

INFORMACIÓN TÁCTICA...

DÍA 3

LO PERFECTO SE HACE COSTUMBRE

Yo tocaba el piano cuando era niña. Y no me gustaba. Mis padres me mandaron junto con mi hermana a tomar clases un par de veces por semana con la Sra. Robertson, una hermosa pero estricta maestra que gentilmente nos golpeaba los nudillos con la regla si tocábamos alguna nota equivocada. Yo la amaba, pero no amaba al piano. No tenía suficiente acción para mí. ¿Gimnasia? ¿Animadora? ¿Atletismo? Sí. ¿Estar sentada quieta en un banco de madera, mirando libros de teoría y moviendo mis dedos para arriba y para abajo tocando octavas? No mucho.

Pero lo hice igual, animada con el mismo principio que ahora le predico a mis hijos cuando comienzan nuevas actividades o pasatiempos: "Machacando se aprende el oficio".

La mayoría de nosotros llevamos esta idea en muchas áreas de nuestras vidas. Trabajamos mucho y duro para perfeccionar una habilidad o elevar el dominio de una tarea. Nos disciplinamos hasta que nuestras acciones y la realización de las mismas estén tan cerca de ser perfectas como sea posible.

Pero este principio no se aplica a cada situación. Y una de las áreas donde puede crear problemas es en nuestra vida espiritual. Cuando practicamos y practicamos en una búsqueda ilusoria para lograr la perfección, lo hacemos para ganar la aprobación de Dios (completamente innecesaria porque ya la tenemos) o simplemente para impresionar a los demás.

Para usar la coraza de justicia adecuadamente, necesitamos cambiar un poco las cosas.

Enumera los tres tipos de justicia que mencionamos en el día 2 y describe a cada uno de ellos con tus palabras.

1.

2.

3.

QUITARSE/PONERSE

Recuerda que cada pieza de la armadura espiritual que Pablo usa en Efesios 6 eran ayudas para la memorización que representaban principios que él ya había explicado. Que aparecen en una serie de versículos del capítulo 4, por ejemplo, él introduce un cuarto tipo de justicia: La justicia práctica. Y dedicó mucho tiempo para explicar lo que significaba y a qué se parecía.

Lee Efesios 4:22-24 en el margen. Subraya las palabras o frases clave que sobresalen en estos versículos.

En cuanto a la pasada manera de vivir, despojaos del viejo hombre, que está viciado conforme a los deseos engañosos, y renovaos en el espíritu de vuestra mente, y vestíos del nuevo hombre, creado según Dios en la justicia y santidad de la verdad (Efesios 4:22-24).

Pablo sabiamente usa algunas frases clave con las que los creyentes en la sociedad de Éfeso se podían identificar y entender. En aquel tiempo, parte del proceso de iniciación de una persona involucrada en una de las religiones paganas era que tenían que despojarse y tirar las viejas vestimentas, simbolizando que cortaban completamente con todas las relaciones de la vida anterior. Así que cuando Pablo llamaba a los cristianos a "despojarse" de su vieja vestimenta, no estaba hablando del cambio rutinario de vestimenta de cada día. Él estaba enfatizando la acción responsable de rechazar formalmente aquellos comportamientos que eran indicativos del viejo hombre, y que se alineaban con las "tinieblas" en lugar de con la "Luz" (Efesios 5:8), cortando así la asociación con la vieja manera de vivir. Este era el próximo paso para vivir con justicia práctica, ante Dios.

De los siguientes versículos, escribe una lista de los comportamientos que Pablo dice que debemos despojarnos.
Efesios 4:25

Efesios 4:26

Efesios 4:28

Efesios 4:29

Efesios 4:31

Efesios 5:3-5

Haz un círculo sobre cualquiera de los atributos en la lista de Pablo que te cuesta trabajo quitarte.

Alguna de las ropas en mi clóset, honestamente, están tan viejas y gastadas, que no debiera usarlas más, ni siquiera dentro de mi casa. O están tan pasadas de moda, que realmente no pertenecen a este siglo. Pero me cuesta trabajo quitármelas de encima porque son muy cómodas. Simplemente estoy acostumbrada a usarlas.

A veces los hábitos y las elecciones de la vida son iguales. Puede ser por ejemplo, que hayas estado metido en la codicia por mucho tiempo, o que hayas vivido atado al orgullo, o al enojo por tantos años que ya te sientes cómodo con ellos. Pero esos son símbolos de tu vieja vida. Están pasados de moda. Son antiguos. Atípicos. Despojarse diariamente de ellos no va a ser fácil, pero con el Espíritu de Dios se puede hacer.

Revisa las palabras que encerraste en un círculo hace un momento. ¿De qué manera te beneficia que se te hace muy difícil separarte de ellas?

¿Cómo han dañado a tu vida?

¿Cuál sería el primer paso que pudieras dar esta semana para "despojarte" de ellas?

"Despojarse" no fue el final de la instrucción de Pablo. El hecho que te hayas desvestido no significa que estás vestido nuevamente. "Despojarse" no significa "vestirse" automáticamente. Usar la coraza de justicia significa reemplazar la vieja vestimenta con los atributos seleccionados cuidadosamente para alinearse con la luz de Cristo. Esta es la justicia práctica.

Vuelve a leer Efesios 4:24 y completa esta frase:
Vestíos del nuevo hombre, creado según Dios en _____.

Use los siguientes versículos para recopilar la lista de virtudes que Pablo nos manda a vestir.
Efesios 4:2-3

Efesios 4:25

Efesios 4:32

Es interesante que en las religiones paganas del antiguo Éfeso, se creía "que ponerse una prenda consagraba al iniciado para que fuera lleno de los poderes del cosmos y compartiera la vida divina."[4] Así como Pablo sabía que su audiencia entendería la importancia de despojarse de la vieja manera de vivir, él sabía también que entenderían la analogía de "vestirse" con nuevos comportamientos para alinearse con el nuevo sistema de creencias. No era simplemente un cambio de comportamiento; ellos entendían que representaba la incorporación del poder del nuevo orden divino. En este caso, a partir del único Dios verdadero.

¿Cuáles de las virtudes en Efesios 4 son las más difíciles de ponerse?

¿Qué relaciones y circunstancias hacen que sea más difícil en la actualidad?

En la semana 1, escribiste el nombre de una persona o circunstancia que te resulta difícil de lidiar en este momento. ¿Cómo puedes apropiarte de estas virtudes en las próximas 24 horas en relación con esa situación?

Lee y considera cuidadosamente la parte resaltada en el último párrafo. Ahora, usando estas referencias bíblicas como guía, traza una línea para conectar cada una de las siguientes virtudes con el beneficio espiritual que puedes recibir y experimentar si decides "vestirte" con ellas.

Humildad/mansedumbre (Mateo 5:5)   Disfrutar una vida larga y productiva

Sabiduría (Proverbios 2:1-6)   Prosperar

Honrando el Día del Señor (Isa. 58:13-14)   Cosechar la cosecha eterna

Honrando a los padres (Efesios 6:2-3)   Heredarán la tierra

Obediencia (Deuteronomio 28:1-6)   Bendiciones a diestra y siniestra

Deleitate en la ley del Señor (Salmos 1:2-3) Entenderás el temor del Señor

Sembrando la semilla espiritual (Deuteronomio 6:8-10)   Te deleitarás en el Señor

La justicia práctica incluye sacarse y ponerse. Estas acciones SON la coraza de justicia. ¿Puedo repetirlo? Nos ponemos la coraza de justicia cuando conscientemente tomamos decisiones y decidimos firmemente desechar" las obras de las tinieblas," y nos vestimos con "las armas de la luz" (Romanos 13:12). A diferencia de la justicia imputada, no es algo que hacemos una vez en la vida. Es una decisión y una acción que se repite que tomamos a cada momento, día a día. Una y otra vez. Cuando eliges la justicia práctica, pones un bloqueo entre el enemigo y el área de tu vida que él ataca más, tu corazón.

Quitarse. Ponerse. Practica la justicia.

Ya sé lo que estás pensando: *"¡Si fuera tan fácil!"* ¿Correcto?

¿Cómo describirías la diferencia entre la justicia atribuida (p. 76) y la justicia práctica?

PERFECCIONAR. HACER. PRACTICAR.

Por supuesto, tienes razón. Lograr que nuestra carne coopere con nosotros es una tarea ardua. No solamente para ti. Para todos. Se parece a la batalla que Pablo describe en Romanos 7. Lee los versículos en el margen, y escucha la frustración en el tono de la voz de Pablo. ¿Te puedes identificar? Yo sí puedo.

"Porque lo que hago, no lo entiendo; pues no hago lo que quiero, sino lo que aborrezco, eso hago [...] Porque no hago el bien que quiero, sino el mal que no quiero, eso hago" (Romanos 7:15, 19).

Sí, acorralar a nuestra carne puede ser monstruosamente difícil. Y aun cuando experimentamos algunos logros modificando nuestro comportamiento, algunas importantes realidades internas quizás siguen sin ser tratadas. Es difícil abordar los pecados internos como la lujuria y el orgullo o purificar nuestras motivaciones y activar nuestras actitudes con gozo. Como un adolescente que desganadamente limpia su cuarto porque le mandaron a hacerlo, pero lo hace enojado y furioso con sus padres, a veces nosotros obedecemos a Dios por afuera mientras que por dentro estamos ahogados en la desobediencia. Y estas dos realidades, interna y externa, conciernen a Dios. El buen comportamiento no puede esconder un corazón pecaminoso frente a Dios. Tenemos que ser completamente justos, no solamente con un buen comportamiento. Afortunadamente, hay una ayuda real para nosotros cuando tratamos de poner en práctica la justicia práctica. Y está firmemente arraigada en el versículo que une los diferentes versículos que hablan de "quitarse" y de "vestirse" en Efesios 4.

Lee lo que Jesús pensaba acerca de esto cuando se dirigió a los fariseos en Mateo 23:25-28.

Busca Efesios 4:23 y escríbelo palabra por palabra en el espacio en blanco.

Yo sé que a veces es difícil sentirlo, pero tu nueva persona tiene a la naturaleza justa y santa de Dios (justicia imputada). Esa es tu persona real. Tu propio corazón está latiendo con la nueva vida en Cristo. "Porque el fruto del Espíritu es en toda bondad, justicia y verdad" (Efesios 5:9). Él es simplemente maravilloso.

La justicia está dentro de ti. Ahora tiene que estar sobre ti. #LaArmaduradeDios

La manera en que lo hace, de acuerdo a las Escrituras, es con la renovación del espíritu de nuestras mentes. Es lo que el Espíritu de Dios hace en y por nosotros. No es algo que nosotros podemos iniciar. Él lo hace. La obra renovadora de Dios en nosotros es lo que hace posible que nos despojemos y nos vistamos. La justicia práctica es una inyección esencial, lógica y orgánica de la justicia imputada.

Por lo tanto en Efesios 4, Pablo básicamente está diciendo, "La justicia ya está dentro de ti. Ahora tienes que vestirte con ella". Tienes que hacer una elección consciente de actuar de tal manera que sea consistente con tu nueva vida en Cristo. Y dado que el Espíritu es el que provee la renovación de tu mente, tu potencial de producir fruto espiritual no es simplemente potencial. Es posible. Se puede lograr.

En otras palabras, "lo perfecto se hace costumbre". No te dejes atrapar por la idea de practicar para llegar a un estado ilusorio de perfección. En cambio, descansa en la naturaleza perfecta de Cristo en ti para influir en la práctica de cada día.

¿De qué manera te has sentido agotado y desanimado cuando tratas de cambiar o arreglarte a ti mismo?

¿Cómo te ayuda saber que el Espíritu de Dios es el que tiene la responsabilidad de animarte e impulsarte a cooperar con Él?

Así que si el usar la coraza, todo este quitarse y vestirse, resulta difícil, recuerda que no estás solo. Y date cuenta de otra cosa: tienes un compañero invisible cada vez que entras en una batalla y te pones la coraza sobre tu corazón. Dios está haciendo algo a cada minuto para ayudarte a hacer lo que no podrías hacer solo. Él está renovando tu mente, alineando nuevamente tus pasiones y actitudes y dándote fuerzas para vivir de una manera que sea agradable para Él y de bendición para los demás. Lo que es una alternativa perfecta para poner en práctica.

INFORMACIÓN TÁCTICA...

PEPINILLOS Y HELADOS

Cuando estaba embarazada de mi segundo hijo, estaba obsesionada con los helados SONIC Blasts® una delicia de un lugar de comidas rápidas, donde entregan la comida andando en patines. Siempre ordenaba uno pequeño pero en un vaso mediano para tener espacio suficiente para ponerle extra crema batida arriba. Ya sabes, por las dudas. De alguna manera, saber que era aceptable que aumentara de peso, me liberó para disfrutar de cada bocado, cada vez que lo comía. Y eso era bastante seguido.

Después, un día cuando tenía aproximadamente seis meses de embarazo, comencé a sentir ansias de comer otra cosa, algo que nunca antes había deseado, embarazada o no. No podía quitarme el sabor de mi cabeza. El olor parecía seguirme como un perrito perdido. El deseo de comerme un pepinillo era tan fuerte que tuve que pedirle a mi esposo que fuera y me comprara uno. En ese preciso momento. Ah, y de paso, si no te importa querido, ¿puedes parar en SONIC y traerme también mi postre favorito?

No sé si le importaba o no. No dijo nada cuando salió de la casa. Todo lo que sé es que esa noche, me senté en la cama y devoré el helado, y un pepinillo. Simultáneamente. Ahora parece increíblemente extraño, pero en aquel momento fue delicioso. La nueva vida creciendo dentro de mí cambió mis papilas gustativas, modificando mis pasiones y deseos de maneras nuevas e inesperadas.

Eso es lo que pasa cuando una nueva vida crece dentro de ti. Desarrollándose. Madurando.

Haz una lista de los cuatro tipos de justicia que aprendiste esta semana.

1.

2.

3.

4.

Pon dentro de un círculo a la que es paralela con la coraza de justicia? ¿Por qué es importante la justicia imputada, en el uso de la justicia?

Describe el trabajo crítico del Espíritu de Dios sobre nuestra aptitud para implementar la justicia práctica en nuestras vidas.

¿Cuáles son algunas de las maneras específicas, en las siguientes áreas, en las que notaste que tus "papilas gustativas" están cambiando desde que eres creyente? ¿O quizás ahora?

La verdadera justicia es liberada, no creada.
Tony Evans[5]
#LaArmaduradeDios

Actitud

Acciones

Intereses

Deseos

Ambiciones

Perspectiva

ACOGE LOS CAMBIOS

Tanto los cambios del comportamiento como las actitudes internas que producen esos cambios, son el resultado natural de un crecimiento saludable. Los bebés no necesitan trabajar duro para cambiar. Ni siquiera tienen que concentrarse para hacerlo. Todo lo que necesitan es estar bien cuidados. Y cuando lo son, el resultado natural es el crecimiento, que automáticamente genera un cambio. Un bebé que no está cambiando, no está creciendo. Y cuando pasa esto, asumimos que ese niño no es saludable.

Si quieres crecer en justicia y ver tu vida orgánicamente transformada desde adentro, debes poner tu atención en la salud espiritual. Uno de los trucos más astutos del enemigo es que hundamos nuestra energía en el cambio, en lugar de concentrarnos en cultivar la salud y el bienestar en Cristo. Pero si nos concentramos en tener una vida saludable y vibrante, el resultado automático es el crecimiento y el cambio.

De acuerdo a la última línea de 2 Tesalonicenses 2:13 en el margen ¿cuál es la obra del Espíritu de Dios en nosotros?

> ...Dios os haya escogido desde el principio para salvación, mediante la santificación por el Espíritu y la fe en la verdad,
> (2 Tesalonicenses 2:13).

Otra palabra que se puede usar para explicar esta transformación que Dios hace en ti es la santificación. Santificación es el proceso por el cual eres moldeado a la imagen de Cristo. Es la influencia progresiva del Espíritu en ti. A través del tiempo, día tras día.

Él moldea y transforma tu alma (tu mente, voluntad y emociones: tu corazón) hasta que se va alineando más y más con el corazón de Dios. Y a medida que el Espíritu hace Su obra, tus pensamientos y deseos comienzan a alertar y modificar tus acciones y reacciones. Tu práctica comienza a alinearse con la naturaleza perfecta de Jesucristo en ti.

Lee Santiago 1:21-22 en el margen y contesta las siguientes preguntas: ¿Cómo acentúan la instrucción de estos versículos la justicia práctica?

> Por lo cual, desechando toda inmundicia y abundancia de malicia, recibid con mansedumbre la palabra implantada, la cual puede salvar vuestras almas. Pero sed hacedores de la palabra, y no tan solamente oidores, engañándoos a vosotros mismos
> (Santiago 1:21-22).

Recordando lo que aprendiste esta semana sobre el espíritu, alma y cuerpo, ¿qué te parece que Santiago quiso decir con "salvar vuestras almas" (v. 21)?

El proceso de la santificación es progresivo. Así como un bebé madura por etapas, de bebé a adolescente hasta llegar a ser adulto, Dios nos hace crecer y nos cambia de un nivel a otro en lugar de realizar todos los cambios juntos. De esta manera, nuestras almas son "salvadas" consistentemente como parte de nuestro crecimiento en Dios. De la misma manera que somos salvos cuando creemos en Cristo y seremos salvos el día del juicio, es también cierto que estamos siendo salvados, cada día más, de la persona que éramos antes.

Este proceso es tan importante y crítico que cuando Pablo escribió a los cristianos de Filipo, lo describió de la siguiente manera: "Ocupaos en vuestra salvación con temor y temblor" (Filipenses 2:12). Las personas a las que les enviaba la carta ya eran creyentes. Ya estaban nacidas de nuevo. Sin embargo él les dice que necesitaban poner algún esfuerzo, en cooperar con el Espíritu Santo, santificando la obra en ellos, como parte de su experiencia salvadora. Y eso era una cosa seria.

SEMILLAS DE CAMBIO
¿Por qué crees que Santiago dice que necesitamos recibir la Palabra que ya ha sido implantada en nosotros?

Dios es el que suaviza y prepara la tierra de nuestros corazones, permitiendo que la Palabra implantada surta efecto (Ezequiel 36:24-32). Pero nosotros tenemos que elegir recibirla. Nosotros debemos permitir que la Palabra influya en todo en nuestras vidas. Cuando lo hacemos así, obrará de acuerdo con el Espíritu de Dios para cultivar orgánicamente nuestra salud interna, una salud que nos informa, moldea y que dictamina nuestras acciones. Ser simplemente oidores de la Palabra de Dios no es suficiente. Millones de los que asisten a la iglesia cada domingo escuchan los mensajes que se predican, y sin embargo siguen viviendo vidas llenas de enojo, engaño y sin poder perdonar. ¿Por qué? Porque escuchar (aunque es importante) no logra los mismos resultados que "recibir".

La meditación en la Palabra, la asimilación de estos principios y la implementación en acciones, es lo que sostiene a la obra del Espíritu de Dios en la renovación de tu alma. En hacerte crecer. En el cambio de tus papilas gustativas. En la adaptación de lo que encuentras más apetitoso y satisfactorio. Si solamente lees la Biblia cuando estás medio dormido, o como algo que haces entre una y otra cita, entrándote por un oído y saliendo por el otro, prestándole poca atención y sin poner interés, nunca vas a recibir los beneficios que la Palabra viva y eficaz de Dios está preparada para darte. Como vamos a ver más tarde en este estudio bíblico, la Palabra de Dios es la "espada" del Espíritu. No es solamente lo que Él usa para hacerte crecer y salvar tu alma, sino que también la usa para combatir los intentos del enemigo para dañarte.

Elige un versículo bíblico del estudio de esta semana que te haya llamado la atención. ¿Cómo puedes "recibirlo" en lugar de simplemente leerlo?

DICIENDO SÍ
Cuando tú comienzas a cooperar con el Espíritu Santo en el proceso de tu santificación al recibir la Palabra, comienzas a sentir unos empujoncitos internos, incitándote a hacer cosas que están de acuerdo con la luz y con las convicciones, y no cosas que están alineadas con las tinieblas. Cuando

estás actuando de una manera que agrada a Dios sientes la paz y la aprobación divina, y te sientes intranquilo si no lo haces. Esta capacidad de comprensión interna se llama convicción. Es la manera en la que Dios te ayuda a ponerte la coraza. Es como Él te habla y te guía en la justicia.

¿Cuándo fue la última vez que sentiste convicción sobre algo muy específico en tu vida? ¿Cuál fue tu respuesta?

Piensa en esto en las próximas 24 horas. ¿Puedes prepararte desde ahora para la posibilidad de decirle sí al Espíritu? Quizás sea una relación con una persona difícil y desde ahora te puedes preparar para ser paciente y mantener la paz. Quizás sea en el área de la indulgencia donde puedes ser proactivo mostrando el auto control que el Espíritu te anime a expresar.

> Dios nunca convence a menos que intente dar poder.
> #LaArmaduradeDios

Recuerda, Él nunca convence a nadie de hacer algo sin darle el poder para hacerlo. Así que recibe la Palabra, acepta Su convicción, y observa como tus gustos cambian de manera sorprendente mientras que día a día creces en Él.

¿Tienes algún comportamiento o actitud en tu vida que, honestamente, tienes dudas que alguna vez puedas cambiar? Quizás trataste por mucho tiempo y te sientes completamente desanimado. ¿Te atreves a hacer una lista?

No importa lo que escribas, el Espíritu puede cambiarte y lo hará. Perderás el apetito por las cosas que antes querías. Comenzarás a desear otras cosas que nunca deseaste. El ambiente y las conversaciones que antes tolerabas y hasta disfrutabas a pesar de tener un contexto maléfico, comenzarán a tener un mal gusto y a hacerte sentir incómodo. Y tú, hijo de Dios, comenzarás a usar bien la coraza de justicia.

INFORMACIÓN TÁCTICA...

SESIÓN DE ESTRATEGIA

Durante mucho tiempo el gobierno de la antigua Roma no estableció un uniforme oficial para la armada ni para los soldados. Los soldados que tenían más recursos podían costear y usar un equipo mejor, pero aquellos que eran pobres usaban lo que tenían. Así que en muchos casos, los soldados no tenían coraza o cota de malla para proteger el corazón. No lo podían adquirir. ¿Se imaginan la inseguridad que debían sentir al ir a la batalla con poca protección en la parte más delicada e importante del cuerpo?

Afortunadamente, el Señor hace todo lo posible para que no vayamos a la batalla sin estar protegidos. El precio de tu coraza fue pagado en el Calvario. Nunca vamos a tener que ir a comprar nuestra propia protección contra el enemigo. ¡Aleluya! La justicia se nos dio gratuitamente en Jesús. Así que úsala. Yo te ayudo con la tuya y tú me ayudas con la mía. Vistamos esta armadura y obtengamos algunas victorias.

Al llegar al final de esta hermosa semana de estudio sobre la inmutable Palabra de nuestro Dios Todopoderoso, hagamos planes para usar la coraza. "Sed, pues, imitadores de Dios [...] Y andad en amor, como también Cristo nos amó, y se entregó a sí mismo por nosotros," (Efesios 5:1-2). El viejo hombre está muerto. No eres más esclavo de la carne, del pecado, de la injusticia. Jesús te ha liberado y te ha dado una nueva vida.

Busca las páginas de las estrategias de oración y elabora una estrategia de acción de gracias a Dios por todo lo que hizo para darte la coraza. Después pídele que te dé la fuerza renovada y continua del Espíritu Santificador, y el valor santo para usar esta coraza todos los días. Se honesto acerca de lo que tienes que "quitarte" y "ponerte", y luego hazlo una práctica y hazlo consistentemente.

Acuérdate de personalizar tu oración. Si necesitas, puedes usar las guías estratégicas de la página 188. Trata de hacer tu oración específica según tus circunstancias y preocupaciones. Incluye las promesas de Dios y la instrucción que Él te dio por medio del estudio de esta semana, y elabora una estrategia que ponga al enemigo en su lugar y del lado perdedor cada vez que te escuche leerla en voz alta.

4

SEMANA 4

LOS ZAPATOS DE LA PAZ

Juan 16:33

Tenemos un enemigo real y siniestro que es ___invisible___
pero no es una ___ficción___.

Santiago 1:2   Efesios 6:15

No podemos sobrevivir las ___tormentas___ de ___la vida___ sin la
___paz___ de Dios.

Satanás sabe que donde no hay paz no hay ___victoria___.

Juan 10:10   Efesios 6:14-15

La paz de Dios:

- Nos da la ___base___ firme que necesitamos en un
  mundo que no es ___firme___.
- Nos da ___estabilidad___.
- Nos permite estar ___parados___ cuando todo a
  nuestro alrededor está girando.
- Nos ayuda a mantenernos ___sentados___.

Por nada estéis afanosos, sino sean conocidas vuestras peticiones delante de Dios en toda oración y ruego, con acción de gracias. Y la paz de Dios, que sobrepasa todo entendimiento, guardará vuestros corazones y vuestros pensamientos en Cristo Jesús (Filipenses 4:6-7).

Cuando tienes la ____paz____ de Dios segura en tu vida, será tu ____guardia____ y ____proteger____.

La paz de Dios es la ____tranquilidad____ y la ____calma____ interna del alma.

Eclesiastes 2:11 Efesios 2:13-14

En Jesucristo, tenemos ____paz____ con Dios. Juan 14:27

La ____Acion de Gracias____ activa la ____paz____.

La confianza impulsa a ____la accion de Gracias____

Hebreos 3   La ____accion de gracias____ activa a la paz.

Y la paz de Dios gobierne en vuestros corazones, a la que asimismo fuisteis llamados en un solo cuerpo; y sed agradecidos (Colosenses 3:15).

La paz no es solo tu ____guardian____, sino que también es tu ____guia____. Ya tienes los zapatos así que ahora ____pueden____ ____avanzar____.

A energia usada para se preocupar usa para agradecer.
A gratidas ativa a paz.

LOS ZAPATOS DE MI PAPÁ

A mi hijo menor le encanta ponerse los zapatos gigantes de su papá y pretender que es un adulto. Prácticamente toda la pierna le entra en el zapato, pero él anda por toda la casa tratando de mantener el equilibrio hasta que se cae.

En el pasado, por supuesto, si me encontraba huellas de barro de zapatos número 13, en el piso o me tropezaba con los zapatos de mi esposo en el medio de la sala, me hubiera gustado saber quién era el culpable. Entonces le decía a Jerry (¿amablemente?) Que por favor dejara de ensuciar el piso de la casa o que mejor se quitara los zapatos antes de entrar en la casa.

Pero últimamente, he descubierto que es muy probable que el culpable detrás de esas huellas sea un niño de 6 años. Porque cuando usas los zapatos de tu papá, tus huellas comienzan a parecerse a las de él.

Esta semana, tú y yo nos vamos a poner los zapatos de nuestro Padre. Por el poder del Espíritu, vamos a comenzar a ver las huellas de paz que Él puede hacer, no solamente en nuestros corazones, pero también en nuestras relaciones y experiencias personales. Quizás el estado actual de las cosas en tu vida te haga pensar que un simple cambio de zapatos no puede hacer nada para contrarrestar el caos y la angustia que estás sintiendo y enfrentando. Pero sí, cuando esos zapatos son los zapatos de Dios, Sus huellas comenzarán a verse en cualquier lugar en el que camines.

Observa los zapatos típicos de un soldado romano en la contratapa del libro. Escribe las características que notes.

¿Por qué crees que estas características podrían ser importantes para el legionario que entraba en la batalla?

Pablo después de resaltar el cinturón y la coraza en el capítulo 6 de Efesios, Pablo dirige la atención al calzado del soldado, que era distinto a cualquier otro tipo de zapatos en ese tiempo. "Los civiles usaban zapatos de cuero suave, llamados *Calcei*. Adentro de la casa, ambos sexos usaban zapatillas llamadas *soleae*. Los soldados, sin embargo, usaban pesadas sandalias militares llamadas *caliga*, que eran mitad botas y mitad sandalias".[1] Las partes superiores estaban perforadas con diseños calados, que daban una buena ventilación, con muchas correas de ajuste que le permitían adaptarse a las peculiaridades de los pies de la persona, mientras que las partes de la bota que pudieran rozar (las articulaciones de los dedos, el tobillo, la uña del dedo gordo del pie) se cortaban".[2] Las suelas estaban hechas de varias capas de cuero y "unidas con tachuelas formando un diseño".[3] Estos clavos de metal proveían un agarre firme. Mañana veremos esto con más detalles, recuerda que estas protuberancias se enterraban en el terreno y mantenían al soldado seguro y estable cuando estaba parado o avanzando contra del enemigo.

Lee Efesios 6:15 y escríbelo en el espacio provisto.

¿Con qué virtud compara Pablo esta pieza del equipo del soldado? Escribe tu respuesta al lado de la pieza del armamento en la contratapa del libro.

Imagínate a ti mismo como un maestro de una clase de la Escuela Dominical llena de niños de la escuela secundaria. Uno levanta la mano y te pide que definas la palabra paz. Escribe tu respuesta a continuación.

¿Qué palabras usarías para describir lo opuesto a la paz?

IMPRESIONES DE PAZ

De todas las cosas que el enemigo trata de robar, matar o destruir en tu vida, la paz está casi siempre en primer lugar en la lista. Él produce intencionalmente, discordia, división, perturbación y un disturbio, tanto dentro como alrededor de ti. Él es el señor del caos y la confusión, usando cualquier oportunidad que se presente para perturbar tu sentido de bienestar y estabilidad. Él quiere que estés inquieto, desequilibrado, lleno de ansiedad, preocupado y confuso. En resumen, sin paz.

Pero es más que eso, porque como ningún otro ataque, él sabe que sacándote la paz poco a poco, tanto él como su séquito demoníaco pueden hacer que su tensión se expanda en todas las direcciones, contagiando a tus relaciones, carcomiendo a las mismas con desacuerdos y frustraciones.

Donde no hay paz, el enemigo está trabajando. #LaArmaduradeDios

Dalo por sentado. Cuando te sientas intranquilo o estés angustiado por tus relaciones, el enemigo está en alguna parte, en el medio de eso. Y está revolviendo todas las cosas. En todo lugar donde falte la paz, puedes estar seguro de que él está obrando.

Busca la página 120 que explica cada pieza de la armadura del libro de Efesios. Escribe la diferencia que notes entre las referencias relacionadas con el "calzado de paz".

Recuerda, cada una de las piezas de la armadura es un recurso nemotécnico que Pablo usa para resumir y <u>recordar al lector lo que ya explicó en la epístola.</u> Recuerda que todas las otras piezas de la armadura aparecen en, entre diez y treinta y cinco versículos, en su exposición previa. Pero en cuanto al tema de las relaciones pacíficas, las enseñanzas de Pablo cubren cuarenta y nueve versículos. No es difícil ver por qué: la fuerte y tangible presencia de la paz en nuestras vidas y en nuestras relaciones personales, es quizás nuestra propiedad espiritual más relevante que amenaza el éxito de los planes del enemigo.

Lee Profundizando IV en la página 121 para ver cómo la armadura permea todo el libro de Efesios.

Así que naturalmente, una parte muy grande de la obra de Satanás implica crear confusión en nuestros corazones y relaciones. Nuestros propios pecados, por supuesto, incluyendo pecados del pasado, aunque perdonados, le dan mucho material para realizar esta tarea. Lo mismo que el pecado de los demás. Si fuiste víctima de maltratos o injusticia, por ejemplo, el enemigo se aprovechará de la situación para mantener ese tema candente. Lo que pudo comenzar como un enojo pasajero, en sus manos puede convertirse en una oportunidad para no perdonar, que luego se transforma en amargura y resentimientos. Después con esos bastiones asegurados tú levantarás muros emocionales que impedirán que hasta personas con buenas intenciones puedan penetrar en tu corazón. Te pones a la defensiva, agresivo y sin poder establecer relaciones auténticas.

De una forma u otra, él siempre quiere robarte la paz.

Escribe las maneras en las que detectas falta de armonía, inquietud o falta de paz en general en las siguientes áreas. (Vamos a hacer referencia a este ejercicio durante la lección de hoy, así que no te apures, esto es importante).

• Tu mente

• Tu corazón

• Tu cuerpo

• Con un amigo o amiga

• Con tu cónyuge

• Con tu hijo

• Con un compañero de trabajo

• Con otra relación

¿De qué manera has visto la mano del enemigo en esas experiencias?

¿Cómo manejaste (o estás manejando) esas situaciones?

PARALIZADO POR EL CAOS

El beneficio obvio de la *caliga* era que protegía los pies. Sin la protección necesaria, los soldados romanos estaban expuestos a los peligros y heridas cuando cruzaban por terrenos rocosos, o en cualquier tipo de terreno. Después de todo, solamente puedes ir hasta donde te lleven los pies. El resultado de tener los pies sin protección los podía dejar imposibilitados de pararse firmes por largos períodos de tiempo o moverse con agilidad y deteriorarse aún más.

Una vida sin paz está sin protección, paralizada, imposibilitada de avanzar, de madurar y de desarrollarse de manera saludable.

¿Ha sido testigo de una falta de paz que haya paralizado a alguien, imposibilitándolo, dejándolo incapaz de avanzar en la vida?

En las áreas de tu vida que anotaste anteriormente, ¿cómo notaste tu potencial o crecimiento atrofiado a causa de este malestar en tu corazón o en tus relaciones? ¿De qué manera te ha sido imposible seguir adelante?

No, no siempre podemos controlar el terreno en el que nos vemos forzados a caminar. Nos pueden despedir del trabajo. Podemos recibir un reporte positivo en una biopsia del médico. Podemos recibir un mensaje perturbador de un amigo. Podemos ser maltratados. Ninguna de estas cosas, como ninguna de las cosas emocionales y relacionales que has estado experimentando personalmente, son fáciles de lidiar con ellas. Y el enemigo siempre tratará de obtener ventaja de esas experiencias para tener acceso a tu vida. Pero con los zapatos correctos puestos, tú y yo estamos protegidos.

Shalom, la familiar palabra en hebreo que significa paz que permea el Antiguo Testamento, no se refiere a la ausencia de caos, sino a un sentido profundo de armonía general, salud, calma y tranquilidad en medio del caos. De hecho, la verdadera paz se detecta mejor y se puede medir en el contexto de la conmoción y la confusión cuando reina la inestabilidad y te mantienes firme; cuando a pesar de la desilusión y la confusión puedes caminar con la confianza, estabilidad y firmeza que vienen del Espíritu.

La palabra que se usa en el Nuevo Testamento en griego para paz en Efesios 6:15 es *eirene*. Esta palabra es similar a la palabra *shalom* que se usa en el Antiguo Testamento en hebreo.

Así es como se conoce que tus pies están calzados "con el apresto del evangelio de la paz", una paz que sobrepasa a nuestro entendimiento.

Vuelve a considerar esas áreas de tu vida que comentaste con anterioridad. ¿De qué manera el enemigo aprovechó un evento o circunstancia preocupante, inesperada o caótica para ganar acceso a tu vida?

Nuestro enemigo sabe que sin los zapatos de la paz, fácilmente nos incapacitamos y no estamos aptos para la lucha; quedamos imposibilitados de avanzar en su contra.

Él sabe que nuestra inestabilidad interna nos puede impedir tener una mente clara y una mano libre para luchar contra él, y que estamos consumidos tratando de asirnos a las cosas incorrectas, (cualquier cosa) para mantener nuestro balance.

Él conoce que las turbulencias y la distancia en nuestras relaciones nos expondrán a sus acusaciones de hipocresía y nos meterán en batallas en las que nunca debimos pelear, y en colinas en las que no estábamos destinados a morir.

Pero nosotros podemos y debemos mantenernos protegidos contra esa táctica, preparados para pararnos en nuestros pies y avanzar en contra del diablo cuando Dios requiera que lo hagamos. Esta semana, Pablo nos da algunas instrucciones para ayudarnos a tener una vida abundante, mantener nuestra cordura y disfrutar la estabilidad y el balance en nuestras vidas, a pesar de cómo hayan sido o pudieran ser las circunstancias.

Si estuvieras frente a una clase de la Escuela Dominical, ¿cambiarías o agregarías algo a tu definición anterior de paz? Escribe tu definición ampliada.

Vuelve a revisar tu lista personal. Elige un área para considerar a la luz de las siguientes preguntas. Si tu vida estuviera dominada por la paz:

1. ¿Cómo cambiaría tu comportamiento en esa situación?
2. ¿Cómo cambiaría tu respuesta verbal?
3. ¿Cómo se podría mejorar tu capacidad para funcionar físicamente?

Mientras escribo este último párrafo de la lección de hoy, pienso como habrás contestado a estas preguntas. Mi corazón se enternece por aquel que no ha dormido bien o no ha comido normalmente por semanas o meses, debido a una tremenda confusión emocional o mental. Siento mucho dolor por aquel cuyas relaciones más importantes son tan negativas que afectan su manera de vivir bien, y que su vida está atrofiada. Estoy orando por ti en este momento.

A la vez siento cierto entusiasmo al comenzar esta semana de estudios porque esta semana puede renovar tu vida por completo. El calzado que se nos ofrece y se nos manda a usar, es del tamaño de Dios y puede dejar huellas de paz en tu vida que nunca imaginaste que fueran posibles. La paz de Dios pude mantenerte en pie emocionalmente, puede estabilizar tu mente y tu cuerpo y puede mantener tus relaciones intactas.

Recuerda, el contexto de conmoción es el mejor lugar para que se note la paz de Dios con toda su fuerza. Así que si el enemigo está sembrando caos alrededor de ti, y el caos que él instiga parece que te está tragando por completo, no te desanimes. Nuestro Dios puede, y lo hará, anclar tu alma con la seguridad que se encuentra en Su evangelio, las buenas nuevas de su Hijo amado.

Espera.

La paz está en camino.

INFORMACIÓN TÁCTICA...

DÍA 2

EXCAVANDO

A mis hijos les gustan mucho los deportes. No importa cuál sea, si es la época, ellos quieren jugar. Básquetbol, fútbol, béisbol, parece que le echan una mano a todos ellos.

O, mejor dicho, un pie.

¿Soy solamente yo o tú también te sientes abrumado con todos los zapatos especializados que se necesitan para practicar cada deporte? ¿Notaste que los zapatos atléticos que ellos "necesitan" para el básquetbol no sirven para béisbol? ¿Y los que se usan en el fútbol no sirven para el tenis? Debiera existir algún grupo de interés especial en algún lugar que coordinara todos los tipos de zapatos, para que los padres tuvieran que comprar solamente un par de zapatos por niño, sin importar el deporte, porque, la verdad es que para mí todos lucen iguales.

Pero yo conozco un zapato que es muy diferente a los demás que me parece una buena inversión. Creo que los antiguos romanos también lo sabían.

Haz una lista de las características que recuerdas de la *caliga* que estudiamos en el día 1 en esta semana.

AGUJEROS EN LÍNEA

Una de las características más importantes del zapato del soldado eran las tachuelas que sobresalían de las gruesas suelas de cuero, similares a los zapatos de futbol que les compré a mis hijos el verano pasado. Estas tachuelas penetraban el suelo, ayudando al soldado a afirmarse. A pararse firme. La *caliga* le daba un punto de apoyo firme, en lugar de patinar y resbalarse en el terreno resbaladizo, lo que provocaría que perdieran la estabilidad durante una batalla.

Esta característica era un factor crítico para mantener la formación militar durante una batalla. **Los soldados se paraban hombro con hombro, uno al lado del otro en una línea apretada, dando así fortaleza a todo el grupo.**

Haciéndolo impenetrable. Seguro. La *caliga* mantenía a cada hombre firme y seguro en la línea, lo que significaba que toda la línea estaba firme y segura. Si un solo soldado perdía el equilibrio, toda la formación se debilitaba, dejando a toda la armada vulnerable ante el ataque enemigo.

De estas cuatro opciones, elige un versículo del Antiguo Testamento y uno del Nuevo para estudiar. ¿En qué sentido tú como individuo esperas que la paz de Dios te mantenga seguro y estable?

• Salmos 119:165   • Lucas 1:78-79
• Isaías 54:10   • Filipenses 4:6-7

Muy bien, ahora quiero que amplíes tu perspectiva. Lee la parte resaltada del párrafo anterior y considéralo dentro del contexto de todo el cuerpo de Cristo. Recuerda que la carta de Pablo fue escrita a la iglesia en Éfeso. Por cierto, sus instrucciones fueron dirigidas también a individuos, pero el objetivo principal eran las relaciones personales.

Los soldados, por definición, operaban como una unidad. Los gladiadores competían como individuos, pero un soldado nunca podía salir victorioso sin sus compañeros. Así que cuando Pablo describe a la armadura que los creyentes debían usar, no tenía solo a un individuo en mente. Él estaba pensando en el organismo vivo que es la iglesia en su totalidad. De la misma manera que los individuos estaban armados para la batalla, así también la iglesia, un creyente unido con otro creyente, está preparada para enfrentar como un solo hombre al príncipe de las tinieblas en la sociedad, ceñida con el poder de Dios.

> La iglesia en su totalidad está armada al nivel que los miembros que la componen estén armados.
> *Philip Nation*

Efesios 4:1-16 explica a la iglesia con mucho detalle y por qué su unidad interna tiene tanta importancia. Busca este pasaje en tu Biblia. Léelo despacio y luego seguimos. ¿Cómo se beneficia la iglesia cuando sus miembros buscan la paz?

¿Has visto al enemigo socavando a tu iglesia local? ¿Cómo?

¿Qué acerca de la comunidad de la iglesia universal, entre denominaciones y los grupos de la iglesia?

Usando Efesios 4:16 como punto de referencia ¿cuáles serían los efectos dañinos de un cuerpo que no estuviera "bien ajustado y unido entre sí"?

> De quien todo el cuerpo, bien concertado y unido entre sí por todas las coyunturas que se ayudan mutuamente, según la actividad propia de cada miembro, recibe su crecimiento para ir edificándose en amor (Efesios 4:16).

Los judíos y los gentiles del primer siglo eran extremadamente antagónicos luchando unos contra otros. Su historia estaba llena de contiendas y ofensas. Así que nunca se imaginaron ninguna situación en la cual los dos grupos pudieran estar unidos con amor y en armonía. No tenían ni el deseo ni la voluntad de hacerlo. Sin embargo la paz que Cristo estableció en la cruz era suficientemente poderosa para conciliar hasta esta colosal división.

En la carta de Pablo a los Efesios, él apunta a esta relación como prueba del poder extraordinario de la paz de Dios, no solo en teoría, sino en la práctica personal. Era suficientemente poderosa para establecer la estabilidad y la armonía en aquel momento, y es suficientemente poderosa para hacerlo también ahora.

¿Existe dolor y enojo entre tú y otra persona? ¿Entre tu iglesia y otro grupo del otro lado de la ciudad? ¿Entre una raza y otra? La paz de Dios puede tender un puente y traer la sanidad y la restauración. Y cuando esto sucede, no solamente hace que los que están alrededor de nosotros en este planeta se levanten y lo noten, sino también anuncia la multiforme sabiduría de Dios "por medio de la iglesia a los principados y potestades en los lugares celestiales" (Efesios 3:10). En otras palabras, la unidad entre los hermanos que antes estaban divididos, pone rápidamente a Satanás en su lugar.

> Porque él es nuestra paz, que de ambos pueblos hizo uno, derribando la pared intermedia de separación (Efesios 2:14).

Toma un tiempo para detenerte y orar ahora mismo por tu iglesia. Pide al Señor que cubra los errores y revitalice a la congregación con una pasión fresca para buscar la paz entre unos y otros.

TERRENO ACCIDENTADO

El hecho que el soldado tenía que calzar esos zapatos tan específicos, implicaba que su trabajo requería atravesar por terrenos muy difíciles. Para obtener la victoria era crucial tener una buena tracción y adherencia. Los únicos zapatos que servían eran los originales, porque la diferencia entre la vida y la muerte para cada soldado y para sus compañeros dependía de poder pararse firme y mantener la línea. Una imitación no hubiera sido suficiente.

El terreno de la vida cristiana también puede ser difícil. Relacionarse con otras personas de manera sana y que promueva la paz, requiere estar dotado de una manera sobrenatural que solo puede venir de Dios mismo. Solamente este calzado, el calzado de la paz, puede hacerlo.

En oración, lee Colosenses 3:12-15 en el margen.

Pide al Señor que te revele a las personas en tu vida que más necesitan experimentar de tu parte cada una de las siguientes cosas. Escribe sus nombres en el espacio adecuado (Una misma persona puede estar en varios lugares).

> Vestíos, pues, como escogidos de Dios, santos y amados, de entrañable misericordia, de benignidad, de humildad, de mansedumbre, de paciencia; soportándoos unos a otros, y perdonándoos unos a otros si alguno tuviere queja contra otro. De la manera que Cristo os perdonó, así también hacedlo vosotros. Y sobre todas estas cosas vestíos de amor, que es el vínculo perfecto. Y la paz de Dios gobierne en vuestros corazones, a la que asimismo fuisteis llamados en un solo cuerpo; y sed agradecidos (Colosenses 3:12-15).

Compasión

Bondad

Humildad

Gentileza

Paciencia

Aceptación

Perdón

Amor

> Mantente firme en la línea para que no haya espacios vacíos. #LaArmaduradeDios

La Biblia dice en Colosenses 3:13 "soportándoos unos a otros", lo cual implica que el camino hacia la unidad muchas veces puede ser difícil. Debemos tener mucha paciencia. A veces hay que soportar con una sonrisa en los labios. El terreno que tenemos que atravesar para restaurar y mantener la paz con el pueblo de Dios puede ser como andar cuesta arriba, dependiendo de sus personalidades, debilidades e intenciones.

Pero aun así, toma la decisión de hacer tu parte. Mantente en la línea para que no haya espacios vacíos donde el enemigo pueda tomar la ventaja. Esto no quiere decir que serás un buen amigo de todos. Quiere decir que no vas a permitir que un conflicto y una división innecesaria permeen y debiliten los propósitos de Dios. Entonces la iglesia estará intacta, fuerte y lista para avanzar.

Lee Efesios 4, prestando especial atención a los versículos 1-3 y el versículo 15. Escribe cualquier similitud que encuentres con Colosenses 3:12-15.

La oración de Pablo por nosotros es que caminemos en paz y que estemos en paz con los demás. Termina el estudio de hoy leyendo y recibiendo la esperanza y deseos de Pablo para todo el pueblo de Dios:

> ...para que habite Cristo por la fe en vuestros corazones, a fin de que, arraigados y cimentados en amor, seáis plenamente capaces de comprender con todos los santos cuál sea la anchura, la longitud, la profundidad y la altura, y de conocer el amor de Cristo, que excede a todo conocimiento, para que seáis llenos de toda la plenitud de Dios (Efesios 3:17-19).

INFORMACIÓN TÁCTICA...

DÍA 3

UN VACÍO EN MI CORAZÓN

Esta semana hay muchas cosas en juego, como tu paz mental, tu disposición emocional para tus seres amados, tu liberación de la culpa y la vergüenza. Y eso es solo la punta del iceberg. Tus relaciones interpersonales más importantes también se pueden desequilibrar, y necesitan que alguien dé un paso al frente para cambiar el cálculo en algunos problemas muy complejos.

…y calzados los pies con el apresto del evangelio de la paz (Efesios 6:15).

Estos zapatos de paz pueden andar mucho (si los usamos) y nos pueden llevar a lugares que nunca pensamos que veríamos en nuestras vidas.

Solo la paz de Dios puede cavar profundamente para ofrecer el tipo de anclaje en la tierra, y la seguridad que nosotros necesitamos, previniendo que seamos volteados y desechos por un potente enemigo que siempre está suelto y que nos ataca específicamente en esas áreas en las que somos débiles y vulnerables. Las falsas alternativas y los sustitutos baratos no fueron ni nunca serán un reemplazo adecuado.

¿Qué tipo de alternativas eligen algunas personas como substitutos de la verdadera paz bíblica?

En tu caso, ¿qué actividades, personas o escapes buscas cuando estás molesto y tratando de encontrar la paz?

De qué manera encuentras que estas opciones son…
• ¿Temporales?

• ¿Insuficientes?

El único que realmente puede satisfacer el corazón del ser humano es Aquel que lo creó.
Lois Evans

• ¿Engañosas?

Cada ser humano en el planeta desea nutrirse y llenarse de algo, o con Alguien. Pero lamentablemente, muchas personas pierden años de su vida buscando llenarse con relaciones, substancias o ambiciones solo para al final llegar a sentir que carecen de sentido. Nosotros sabemos por qué, ¿no es cierto? El vacío dentro de nuestros corazones solamente puede ser llenado por la única cosa para la que fue creado: relación e intimidad con Dios.

Nosotros, por supuesto, llamamos a este trasplante de corazón que Él hace, el evangelio. Pero lo que no siempre vemos o recordamos es cómo esta paz que Él provee es un componente importante en nuestra armadura espiritual.

Así que tengo "buenas noticias" para ti. El evangelio, de muchas maneras, nunca deja de ser un milagro.

DOS TIPOS DE PAZ

Es importante entender las dos etapas de paz cuando consideramos lo que significa usar el calzado de la paz para estar parados firmes contra el enemigo. Y las dos etapas descansan seguras en las buenas nuevas del evangelio.

1. Paz con Dios

2. Paz de Dios

¿Cuál es la diferencia entre estas dos afirmaciones?

La semana pasada, cuando estudiamos la coraza de justicia, analizamos el abismo que existe entre Dios y la humanidad, entre su Santidad y nuestra falta de santidad, un abismo que hace que la restauración y la relación con Dios sea imposible por el simple esfuerzo humano. La profundidad de nuestra naturaleza pecaminosa significa que lo único que puede existir entre nosotros y Dios es la enemistad y la hostilidad, a menos que alguien (no nosotros) haga algo (que fue lo que Él hizo). La paz con Dios solamente es posible gracias a Su inconmensurable amor por nosotros.

Lee Romanos 5:1 en el margen. Subraya las palabras "paz con Dios". Después escribe todo el versículo con tus propias palabras.

¿Cómo acentúa este versículo lo que aprendiste la semana pasada acerca de la justicia atribuida? (p. 76).

Justificados, pues, por la fe, tenemos paz para con Dios por medio de nuestro Señor Jesucristo (Romanos 5:1).

¿Cómo hace posible la justicia atribuida que tengamos paz con Dios?

Eso es el evangelio, nuestra justificación, la declaración de nuestra justificación delante de Dios por medio de Jesucristo. La palabra griega para evangelio es *euaggelion*, que literalmente significa buenas nuevas; ¡las mejores noticias que pudieras recibir! Cuando ponemos nuestra fe en Jesucristo, en su muerte y resurrección, finalmente podemos experimentar la intimidad con Dios para la que nuestros corazones fueron creados. Nunca más tenemos que conformarnos con sustitutos insatisfactorios que no son capaces de llenar el vacío de nuestras almas. Ellos prometen paz; pero no dan paz. Solamente Jesús, solamente el evangelio, nos da la paz verdadera y eterna.

El mensaje y el contenido principal de las buenas nuevas es la paz.
#LaArmaduradeDios

Por eso Pablo relacionó directamente al evangelio con la *caliga*. El poder sobrenatural para estar firmes ante las tremendas presiones de la vida diaria solamente es posible por medio del profundo sentido de paz y confianza que se encuentra en una relación salvadora con Dios. ¿Sin ella? Sin alguna duda; no hay esperanza.

Frecuentemente me pregunto cómo puede alguien sobrevivir sin la convicción de que este mundo no es su hogar. Todo aquí es inestable y decepcionante. Se puede perder el trabajo, la economía pueden caer, los cónyuges pueden desilusionarnos, la casa de nuestros sueños se puede incendiar, los amigos pueden traicionarnos, la muerte se puede llevar a nuestros seres amados. Si nuestro estado emocional está dirigido por las circunstancias cambiantes del mundo, vamos a vivir constantemente en un estado de agitación y confusión. Sube un día y baja al siguiente. Necesitamos un ancla en nuestra alma que nos mantenga estables, sino nos hundimos. Estamos acabados. Es como si estuviéramos muertos.

La respuesta es la paz con Dios. Y es la única respuesta. Pero gracias a Dios, es una respuesta posible. Una respuesta que es siempre actual. Es una respuesta eterna.

Recuerda un tiempo cuando viste que todo se derrumbaba, sin esperanza, alrededor de alguien que no tenía paz con Dios. ¿Cuáles son algunas cosas que hizo que se notaran más? ¿Qué viste?

Lee despacio y cuidadosamente Efesios 2:13-14. ¿Cómo cree Pablo que la paz con Dios afecta la paz en nuestras relaciones con los demás?

El evangelio no solamente estabiliza nuestros corazones, también estabiliza nuestras relaciones cuando nos enfrentamos con personas o grupos que son difíciles y desagradables. Realmente, nosotros no somos siempre agradables ¿verdad? Y sin embargo, "siendo aún pecadores…" (Romanos 5:8), Cristo nos amó lo suficiente como para tender un puente entre nosotros y el Padre y "… vino y anunció las buenas nuevas de paz a vosotros que estabais lejos, y a los que estaban cerca" (Efesios 2:17). A ti y a mí; y sí, también a ellos. Así que, ¡cómo no vamos a extender la misma gracia, perdonándolos como Él nos perdonó a nosotros! Él nos da poder para hacerlo una y otra vez.

La salvación no se refiere solo al cielo. También se refiere a estar fortalecidos en la tierra. #LaArmaduradeDios

Aquí es donde aparece la paz de Dios.

LA PAZ DE DIOS

Nuestra salvación no consiste en simplemente ir al cielo y salvarse del infierno. Esos son ciertamente los beneficios más extraordinarios de nuestra relación con Jesús, pero si nuestro concepto de la salvación termina allí, nos quedamos cortos. La paz con Dios establece nuestra relación con Él, y como resultado, experimentamos la paz de Dios. Esto es lo que hace que la paz sea una opción legítima para nosotros ahora, aquí en la tierra.

Busca Gálatas 5:22-23 y escribe todos los atributos del fruto del Espíritu que aparecen allí.

Recuerda el estudio de Efesios 4 y Colosenses 3 al final del día 2. Encierra en un círculo cualquier característica del fruto del Espíritu que hayas escrito arriba y que se relacione con estos pasajes.

El Espíritu de Dios mora en ti desde el momento de tu salvación (Efesios 1:13). Su trabajo no es solamente santificarte (lo que vimos la semana pasada) sino también fortalecerte para que desarrolles y exhibas Su fruto. Así que cuando el Espíritu de Dios vino a tu vida, trajo otros regalos, una espléndida canasta de frutas, además de una variedad de regalos personalizados para que uses para servir a otros. Como Jesús le dijo a sus discípulos antes de Su muerte, y finalmente antes de regresar en Su gloriosa resurrección al Padre: "La paz os dejo, mi paz os doy; yo no os la doy como el mundo la da. No se turbe vuestro corazón, ni tenga miedo" (Juan 14:27).

Así que, la paz segura y guiadora de Dios ya está en ti como un regalo divino. Entregado personalmente. Tu tarea es estar seguro que no está inactiva, sin usarse y sin ser apreciada. Debes cultivarla y activarla en tu vida.

¿Pero cómo? ¿Cómo te pones el calzado de la paz? Veamos tres pasajes de las Escrituras, dos del Nuevo y uno del Antiguo Testamento, que nos enseñan cómo.

Primero busca Filipenses 4:6-7. ¿Qué hace que la paz de Dios guarde tú corazón de manera tal que sobrepase a todo entendimiento?

Ahora busca Colosenses 3:15 que muestra la paz como nuestra guía. ¿Cuál es la última pauta que se da en este versículo?

Nota la progresión: La confianza lleva a la gratitud y la gratitud activa la paz. #LaArmaduradeDios

Finalmente busca Isaías 26:3-4. Completa los espacios en blanco.
Tú guardarás en completa paz a aquel cuyo _____ en ti persevera; porque en ti _____. Confiad ____ _____ _____ porque en Jehová el Señor está la fortaleza de los siglos.

Los mensajes de estos pasajes están estrechamente unidos. Cuando elegimos una oración de acción de gracias en lugar de sumirnos en la ansiedad y la preocupación, estamos mostrando una confianza inquebrantable en Dios. Una oración envuelta en gratitud expresa una fe firme. Concentrarnos en Él en lugar de dejar que nuestras circunstancias nos absorban, es decirle al Señor que creemos que Él es capaz de invalidar y vencer hasta los asuntos más difíciles. Este tipo de fe capta Su atención, y Él responde activando Su paz en nosotros, una paz que no solamente nos guardará sino que también nos guiará a discernir la dirección que Dios quiere que tomemos.

Escribe por lo menos tres cosas específicas por las que estás agradecido a Dios, a pesar de cualquier dificultad que estés enfrentando.

¿Cómo puedes incorporar estas tres cosas en tu estrategia de oración de esta semana?

Cuando Dios ve este tipo de fe agradecida, cuando nuestras mentes están concentradas en Él, la paz de Dios aumenta dentro de nosotros. Estabiliza nuestras emociones descontroladas, fija nuestras mentes, guía nuestros pasos y hasta se refleja en nuestra experiencia con los demás. Suaviza nuestro hablar, desmantela nuestras paredes emocionales y en general nos impide ser tan difíciles.

Así es como nos ponemos el calzado de la paz, confiando y expresando gratitud. Después, experimentamos la paz de Dios que sobrepasa todo entendimiento.

Comenzando hoy, en cualquier momento que sientas que la preocupación o la ansiedad invaden tu corazón, tómalo como una señal para concentrar tu atención en Dios. Ora. Confía en Él. Sé agradecido. Y observa como Su paz, una paz que no se puede explicar, crece en tu experiencia. Entonces tus pies van a estar calzados con la *shalom* de Dios.

Y el mismo Señor de paz os dé siempre paz en toda manera. El Señor sea con todos vosotros (2 Tesalonicenses 3:16).

INFORMACIÓN TÁCTICA ...

DÍA 4
ZAPATOS CÓMODOS

Hace unos años mi esposo y yo tuvimos el privilegio de ir de vacaciones con otras parejas. Planeamos juntos varios eventos especiales para ese tiempo, generalmente en relación a comidas deliciosas. Cada vez que encontrábamos especialidades locales, hacíamos reservaciones para el almuerzo y la cena. La dilatación de mi cintura fue un buen indicador de lo mucho que nos divertimos durante esos días.

Durante una de esas comidas, comenzamos a hablar sobre las diferencias entre los hombres y las mujeres cuando empacan para viajes como este. Todos los hombres habían llevado solamente una pequeña valija, mientras que las mujeres requerían por lo menos dos maletas grandes. El consenso entre las mujeres era que los zapatos ocupaban la mayor parte del espacio en el equipaje, ya sabes, se requieren diferentes tipos zapatos para que hagan juego con diferentes vestidos.

Una de las mujeres se sentó erguida y sacudiendo la cabeza dijo, "¿Saben una cosa? Yo empaqué muchos pares de zapatos finos y me olvidé de traer unas zapatillas. Espero que no tengamos planeada ninguna actividad deportiva. ¡No tengo zapatos para eso! Todos nos reímos.

Después uno de los hombres, sacudiendo su cabeza respondió, "Todos esos zapatos; y ninguno adecuado".

Sin zapatos adecuados.

La guerra espiritual requiere zapatos adecuados para la ocasión. Pero muy a menudo nuestra vida espiritual está tan llena de actividades piadosas diseñadas para impresionar a los demás que nos olvidamos de empacar los requerimientos básicos, los que nos llevarán a la victoria.

Necesitamos menos zapatos de vestir y más zapatos de andar, del tipo que hace que estemos listos y preparados para la batalla. Cuando tienes los pies calzados con la paz que trae el evangelio y que el Espíritu utiliza para

> Evidentemente el cristiano fue creado para moverse, porque aquí hay zapatos para sus pies.
> *Charles Spurgeon*[4]

guiarnos hacia adelante, estamos listos para cualquier cosa que el enemigo nos pueda poner en el camino.

La palabra griega *hetoimasia* que se traduce como apresto en Efesios 6:15, no se usa en ninguna otra parte del Nuevo Testamento, pero aparece varias veces en la Septuaginta (que es la versión en griego del Antiguo Testamento). Significa estar bien calzado y preparado. Listo para salir.

En el día 3, revisa la diferencia entre la paz con Dios y la paz de Dios. ¿Cómo funcionan juntas para que estemos "listos" y "preparados" para estar firmes?

EDITORES DE PAZ

No te olvides que nuestra armadura es la armadura del mismo Jehová. La mayoría de lo que Pablo describe en Efesios 6 sale directamente de la imagen vívida del guerrero divino que está meticulosamente descrita en el libro de Isaías. Aunque el "calzado de la paz" no está específicamente mencionado entre las otras piezas de la armadura en esos pasajes clave (Isaías 11:5; 59:17), muchos eruditos sugieren que están muy relacionados con el propósito y el mensaje del Mesías de Jehová como lo describe el profeta del Antiguo Testamento.

Busca Isaías 52:7. ¿Qué relación detectas entre la imagen del Mesías en este versículo y las de Efesios en el margen?

Y vino y anunció las buenas nuevas de paz a vosotros que estabais lejos, y a los que estaban cerca (Efesios 2:17).

....y calzados los pies con el apresto del evangelio de la paz (Efesios 6:15).

Imagínate la figura que el profeta Isaías pinta. No es la imagen de alguien que está parado quieto, dejando pasar el tiempo, esperando la oportunidad correcta para levantarse y salir. No, tiene puestos los zapatos de andar. Él va corriendo hacia Jerusalén, ansioso de compartir el mensaje de las buenas nuevas. Se describen los pies como hermosos. Definitivamente en movimiento. Esos pies llevan el mensaje de salvación y esperanza para toda la gente. Cuando "se acerca a la ciudad exclama 'paz', 'nuevas del bien', 'salvación', cuyo contenido se amplifica con 'Tu Dios reina'".[5] El mensajero esta alerta y listo, preparado para ir a declarar la paz a todo el que puede.

Estar firme no es solamente profundizar. Es también moverse hacia adelante.
#LaArmaduradeDios

Esto significa que estar firme en contra del enemigo no es simplemente una postura defensiva. Si, la victoria ya ha sido alcanzada para nosotros en la cruz y el Calvario. También debemos plantar nuestros pies espirituales en el terreno ganado y asegurar nuestro lugar. Pero estar firmes no es solamente profundizar; es también avanzar. Es meterse en el territorio enemigo desde una posición victoriosa y recuperar el terreno que él nos robó.

Lee 2 Corintios 10:4-5 en el margen. Subraya los beneficios y los resultados para los cuales están diseñadas nuestras armas espirituales.

A través de este estudio, si el Espíritu Santo ha guiado tu atención a un área de tu vida que no está alineada con Él, donde el enemigo ha erigido fortalezas, ha incrustado mentiras, o te ha esclavizado al pecado por medio de sus tentaciones personalizadas, date cuenta que esta armadura y estas armas que estamos estudiando pueden hacer más que simplemente profundizar. Hacen más que ayudar a agacharte. Puedes en realidad cavar un punto de apoyo y avanzar contra el enemigo hacia la victoria. Ellas son activas y potentes. Corren como el viento, no alejándose de los problemas sino que los enfrentan.

Nuestros zapatos de la paz son zapatos de andar. Están diseñados para avanzar y anunciar las buenas nuevas de la victoria. Son suficientemente poderosos para demoler, destruir y recuperar. Pueden entrar en un territorio de tu vida que ahora está bajo la influencia del enemigo y recuperarlo en el nombre de Jesús.

> "Cuán hermosos son sobre los montes los pies del que trae alegres nuevas, del que anuncia la paz, del que trae nuevas del bien, del que publica salvación, del que dice a Sion: ¡Tu Dios reina!" (Isaías 52:7).

Sí, tú eres un editor de paz, un mensajero de las buenas nuevas. Por medio de la Palabra de Dios, puedes pronunciar libertad y paz sobre tus propias circunstancias y hasta sobre las vidas de aquellos que amas. Puedes gritar "¡Nuestro Dios reina!" Hasta que realmente reine en tu mente, corazón y circunstancias. Tus pies están listos para el evangelio. ¡Ahora sal!

¿Cuáles son algunas áreas de tu vida que necesitas ser más ofensivo que defensivo, recuperando el terreno que te quitó el enemigo?

¿Cómo se vería este proceso en un sentido práctico? Prepárate para comentarlo con tu grupo.

…porque las armas de nuestra milicia no son carnales, sino poderosas en Dios para la destrucción de fortalezas, derribando argumentos y toda altivez que se levanta contra el conocimiento de Dios, y llevando cautivo todo pensamiento a la obediencia a Cristo (2 Corintios 10:4-5).

Un *bastión* es un término militar para un lugar *fortificado o fortaleza*.

ADELANTE

Una palabra final antes de cerrar un buen día y mañana una buena semana. Muy a menudo, complicamos el privilegio espiritual de compartir el evangelio con una presentación programada y practicada, siempre terminando con una oración de arrepentimiento. Dios bendiga a todos aquellos que comparten las buenas nuevas de Jesús, de la manera que Dios les guíe a hacerlo. Pero muchos de nosotros necesitamos desconectarnos de los sistemas que promueven la culpa, evitando las confrontaciones, con cosas grabadas en nuestra mente y dejando solo que la paz de Dios haga lo que la paz hace. Dejemos que nuestros corazones la reciban y la experimenten a diario. Dejemos que Su Espíritu naturalmente nos guíe a vivir y a compartir las bendiciones del evangelio de paz con aquellos que están alrededor de nosotros, mientras nos sometemos a Su liderazgo e indicaciones.

Cuando comenzamos a ver los efectos sobrenaturales del evangelio; cuando demolemos las fortalezas del enemigo en nuestras vidas, y saboreamos la verdadera libertad, el resultado debe ser una gratitud que se desborda en acción. Debemos ser personas que van al territorio enemigo y comparten libremente con otros la victoria que pueden tener en Jesús. Muchos de ellos lo desean más de lo que nos imaginamos. Más de lo que ellos mismos se imaginan.

El mayor peligro para la proliferación del reino de las tinieblas en nuestra sociedad es la expansión del reino de la luz. Cuando llevamos este mensaje a otros y cuando la comunidad de fe crece, el enemigo será empujado para atrás.

Es tiempo de avanzar.

Pide al Señor que te revele a una persona con quien puedas compartir el mensaje del evangelio en los próximos días. Escribe su nombre aquí abajo.

¿Qué pasos puedes dar para llamar la atención de esa persona?

En cuanto a las guerras de la Roma antigua, los historiadores nos dicen que los zapatos de los soldados con los clavos en la suela debían "hacer mucho ruido cuando marchaban por los caminos pavimentados con rocas".[6]

Imagínense miles de soldados marchado al mismo tiempo. El sonido probablemente atraía la atención. El enemigo sabía que venían. Realmente este era un efecto preparado. Sus armaduras "no solamente servían para protegerlos sino también para impresionar y dar miedo. Representaban el carácter y la fuerza del guerrero y simbolizaban sus acciones pasadas y presentes".[7]

La paz intimida a nuestro enemigo. Él sabe que venimos cuando todos estamos marchando con unidad con nuestros zapatos de la paz bien calzados. El sonido le servirá de aviso de que estamos listos, en nuestro puesto, parados firmes y avanzando intrépidamente contra su reino. Y esas son buenas noticias.

Así que, marcha mi amigo, marcha.

Marcha adelante.

> Por tanto, de la manera que habéis recibido al Señor Jesucristo, andad en Él (Colosenses 2:6).

INFORMACIÓN TÁCTICA...

DÍA 5

SESIÓN DE ESTRATEGIA

Mi amiga Lisa fue a hacer paracaidismo por su cumpleaños número cincuenta. Siempre lo quiso hacer, así que lo hizo. Yo me sentí muy orgullosa de ella por asumir el riesgo y lanzarse a la aventura. Después me contó todos los detalles: la sangre corriendo rápido por las venas, el descenso al principio lleno de energía por la caída libre y después el descenso sereno una vez que se había abierto el paracaídas.

También me dijo que, más que nada, estaba agradecida por su instructor. No lo había dejado en el avión cuando saltó. ¡De ninguna manera! Él estaba amarrado a su espalda. No importaba qué rápido cayera, no importaba qué rápido se acercaba a la tierra, no importaba qué fuerte amenazante sonaba el aire cuando le revolvía el cabello, ella se sintió segura y aun podía sonreír, allí mismo en medio del cielo. ¿Por qué? Porque estaba atada firmemente a alguien que sabía exactamente lo que había que hacer.

Esto es en esencia un retrato exacto de la paz. Es tu instructor guiándote, manteniéndote estable, seguro e inmutable, hasta sonriendo cuando todo a tu alrededor sugiere que debes gritar.

Esa es la confianza espiritual que viene de la paz.

Yo no sé dónde te encuentras hoy en el proceso de la paz, si estás navegando fácilmente a través de tus luchas, o si te estás comiendo las uñas por cualquier ofensa aparente. O en una situación intermedia. Pero mientras le estás pidiendo al Señor dirección al preparar una estrategia personal de oración para ponerte los zapatos de la paz, quiero que hagas un simple ejercicio práctico:

Piensa en una persona que conozcas cuya vida esté llena de paz. Escribe su nombre abajo y describe cómo viste esta virtud reflejada en el telón de las circunstancias difíciles. También, describe cómo la paz la protege en contra de los intentos de ataques del enemigo. ¿Cómo la viste seguir adelante a pesar de las dificultades?

Una de las cosas más emocionantes que he hecho es llamar a una persona cuya vida llena de paz admiro, para preguntarle cómo aplica efectivamente la paz de Dios a su vida. Considera llamar o compartir un café con la persona que describiste. Escucha, aprende y apunta la información en el espacio que está abajo.

Creo que quizás haciendo esto, puedes encontrar el principio de una estrategia de oración.

_____

_____

_____

_____

_____

_____

_____

_____

_____

_____

_____

_____

_____

LA ARMADURA EN EL LIBRO DE EFESIOS

La descripción del apóstol Pablo de la armadura en Efesios es simplemente una reiteración, un resumen de los principios que ya había mencionado antes en su epístola. Cada pieza fue introducida y explicada antes. Por eso sus comentarios acerca de ella al final de la epístola son tan concisos y sucintos. La espada del Espíritu es el único artículo que él define junto con la mención, identificándola como "la Palabra de Dios" (v. 17).

En la próxima página hay una lista con cada pieza de la armadura, junto con los pasajes que tienen una relación primaria y secundaria con ella en todo el libro.

Es interesante notar que aunque en Efesios 6 la lista de la armadura está en el orden que el soldado romano se las ponía, la explicación de Pablo en la epístola invierte el orden, comenzando con el yelmo y terminando con el cinturón.

Para pensar: En el lenguaje original, las primeras cuatro piezas de la armadura están presentadas en participios adverbiales que modifican el mandamiento de "estad firmes" en el versículo 14. La intención de Pablo era aclarar el medio por el que se puede estar firme contra los poderes de la oscuridad. Se puede hacer cuando se está ceñido con la verdad, la justicia, la paz y la fe.

Después de revisar el gráfico, busca en el pasaje de Efesios en la página 7. Traza una línea entre las primeras cuatro piezas de la armadura con el imperativo "estad firmes" del versículo 14. Este va a ser un recordatorio constante de la intención de Pablo de enseñarte a estar firme en contra de las conspiraciones insidiosas del diablo.

Armadura	Referencia en Efesios 6	Referencias adicionales
Espada del Espíritu	Efesios 6:17	
Yelmo de salvación	Efesios 6:17	**Efesios 1:1-23**; 2:5,8; 5:23
Escudo de la fe	Efesios 6:16	**Efesios 2:1-10**; 1:1,13,15,19; 3:12,17; 4:5,13
Zapatos de la paz	Efesios 6:15	**Efesios 2:11–4:16**; 1:13
Coraza de justicia	Efesios 6:14	**Efesios 4:17–5:9**
Cinturón de la verdad	Efesios 6:14	**Efesios 5:8-6:9**; 1:13; 4:15,21-25
Oración	Efesios 6:18,19	**Efesios 1:16,18**; 3:14-18

5

SEMANA 5

EL ESCUDO DE LA FE

tiago 2:20 | Efesios 6:16

La palabra griega que se usa en Santiago 2 para _fé_ , *pistis*, es la misma palabra que se usa en el libro de Efesios.

La fe _activa_ es un escudo.

La fe revela _confianza_ de Dios.

La fe es lo que dices creer pero en _acción_ .

La fe es cuando tú _actúa_ como si Dios te está diciendo la _verdade_ .

Nunca veremos los _beneficios_ de nuestra fe y nuestra relación con Dios a menos que estemos dispuestos a unir nuestra fe con nuestras _acciones_ .

La fe dice *poco* acerca de ti y *mucho* acerca de lo que realmente crees que es verdad acerca de Dios.

Porque Dios es *fiel*, tú y yo podemos tener una fe *activa*.

Lo que Dios nos llamó a hacer, Él nos *capacita* para hacerlo.

El enemigo te lanza dardos ardientes para *distraerte*.

Ejercitar la fe es meterse en una situación o circunstancia donde estás en una posición en la que Dios tiene que *cumplir sus promesas*

O inimigo quer que nos ocupe om apagar incendios dentro de nós para nos distrair.
2 Timoteo 1:7
O oposto da Fé é o medo.
O inimigo acende o fogo der devida nela incendios na mente para nos monta ou pedo apagando esse fogo e não andar na dúvida.
Lucas 24. onde está a fé?
A fé é jazo de conta que alago é mesmo que nela seja porque Deus quer que seja
Lucas 5:4-7 Isaias 55:8-9
Efesios 3:20

VERDADERA FE

Yo la observé con mucha atención por un tiempo. Esa mujer del grupo de estudio bíblico era diferente. De una manera inusual irradiaba el poder de Dios. Estaba llena de Su gozo y esparcía Su paz. No ocasionalmente. Siempre. Por los testimonios que compartía con nosotros, estaba claro que regularmente ella escuchaba la voz de Dios. Su interacción con Él era continua. La Palabra estaba viva en ella, porque Dios estaba vivo en ella.

Esta mujer fue una de las pocas personas que conocí que veía la evidencia de la obra de Dios en su vida. Quizás conozcas a una o dos personas así. Ella oraba y después creía. Esperaba y luego veía. Pedía y luego recibía. No se desilusionaba fácilmente ni se paralizaba por el temor o la inseguridad y ella tenía una larga lista de experiencias muy prácticas con Dios que lo demostraban.

Por eso no podía esperar a tener una oportunidad para sentarme y compartir un almuerzo con ella. No para hablar sino para escuchar. Terminé la comida con el estómago lleno y con el corazón lleno, deseando más que nada tener una vida semejante a la suya. El secreto que ella compartió conmigo ese día mientras comíamos una ensalada y un té helado es exactamente el mismo que yo quiero revelarte durante la quinta semana de este estudio bíblico. Todo esto se puede resumir en una pequeña palabra muy crítica y llena de poder: FE.

¿Cómo describirías la diferencia entre tener una creencia y tener fe?

Hablando en términos generales ¿cuáles crees que son las trabas más grandes que impiden que los creyentes actúen por fe?

COBERTURA COMPLETA

El ejército romano del primer siglo era el más avanzado en el mundo antiguo. Su éxito era atribuido al hecho de que ningún otro ejército poseía una armadura con un diseño tan elaborado. El calzado con clavos en la suela, la coraza dura y los sólidos cinturones de apoyo, les daban una gran ventaja en la batalla. Adicionalmente, los soldados romanos recibían un buen entrenamiento en el uso de su estilo exclusivo de formación longitudinal, que cuando se usaba con precisión, los hacía virtualmente infranqueables.

Y sin embargo, una de las piezas más dignas de ser recordadas del equipo era el escudo.

Observa el dibujo en la parte interior de la cubierta posterior de este libro y trata de familiarizarte con el escudo del soldado. Escribe la virtud espiritual correspondiente en el espacio al lado y después reúnete conmigo aquí mismo.

> Él es escudo a los que en él esperan (Proverbios 30:5).

En esa época los soldados usaban dos tipos de escudos. Al que se refiere el apóstol Pablo en Efesios 6 no era el escudo pequeño y redondo, semejante a la tapa de un tanque de basura, que dejaba la mayor parte del cuerpo del soldado descubierto y expuesto. Pablo se estaba refiriendo al <u>escudo más grande</u> que generalmente medía 2 pies de ancho por cuatro pies de largo, casi con forma de una puerta, que consistía en planchas de madera combinadas. La madera estaba cubierta por una lona. Después con cuero. Después se ponía hierro en el centro y también en los bordes laterales del escudo. Esto permitía que el escudo soportara los fuertes golpes del enemigo hasta en un combate cuerpo a cuerpo. Los historiadores antiguos decían que estos escudos eran tan grandes que eran capaces de cubrir todo el cuerpo de un soldado cuando estaba agachado.

> El escudo ovalado del soldado romano se llamaba el *scutum*.[1]

Elige uno de los ejemplos siguientes que muestre a alguien exhibiendo su fe y que como consecuencia recibe la protección divina. Contesta las siguientes preguntas para el ejemplo que escogiste para estudiar.
• El pueblo de Israel (Éxodo 11:4-7; 12:5-7,13)
• Daniel (Daniel 6:7-10, 16-23)
• Rahab (Josué 2:8-21; 6:24-25)

¿Cómo mostró la gente de estos pasajes su confianza en Dios?

¿Cómo fueron protegidos como resultado de su obediencia?

¿En tu propia experiencia, alguna vez te sentiste protegido por Dios como resultado de haber actuado con fe?

La fe es una de las expresiones más usadas en exceso y sin embargo poco utilizadas en los círculos cristianos. Lo que es realmente absurdo. Porque realmente hablar sobre la fe no es lo mismo que tener fe. En el ejemplo que tú estudiaste, el verdadero significado de la fe se ve claramente. Simple y llanamente, la fe es una acción. Esto y solo esto, es el secreto que mi amiga compartió conmigo ese día.

... la fe sin obras es muerta […] Porque como el cuerpo sin espíritu está muerto, así también la fe sin obras está muerta (Santiago 2:20,20).

¿Cómo ayuda la ilustración de Santiago sobre el cuerpo humano y el espíritu, a explicar más claramente el concepto de la fe y las obras? (Ver en el margen).

Pistis es la transliteración de la palabra fe que se usa en Santiago. Es la misma palabra que el apóstol Pablo usa en Efesios y que aparece más de 200 veces en el Nuevo Testamento. En casi todas las ocasiones, está relacionada a las acciones de una persona.

Cuando le pedí a mi amiga detalles de su caminar con el Señor y qué era lo que la hacía tan vibrante, fresca y viva, ella habló de cuántas veces levantaba el escudo de la fe al hacer lo que Dios le pedía que hiciera sin importar lo intimidantes que fueran las circunstancias. Desde darle un regalo a un extraño o ser la primera en reconciliarse con un amigo, a cosas más grandes como mudarse de un lugar a otro, su compromiso de ponerse una pieza de la armadura era la clave no solo para abrir la puerta a la intensidad espiritual, sino también para protegerla de los ataques del enemigo que quería distraerla, disuadirla o desanimarla en la batalla. Ella me dijo que lo que diferenciaba su experiencia con Dios de tantos otros, era que ella estaba dispuesta y comprometida a convertir sus creencias en una fe práctica, actuando por las promesas y directivas de Dios, no solamente hablando de ellas. Ciertamente no siempre fue fácil, pero con el tiempo ella aprendió a confiar suficientemente en Dios como para avanzar cuando Él se lo pedía, lo que produjo una aventura maravillosa con el Señor que batió el récord. Su fe accedía a las promesas de Dios e impedía que las flechas del enemigo entorpecieran su experiencia de vivir una vida abundante.

"Priscilla" me dijo, "sé una mujer de fe, no solamente una mujer que habla de la fe, y nunca te arrepentirás".

Busca Hebreos 11:1 y copia palabra por palabra esta definición bíblica de la fe.

La palabra convicción en Hebreos 11:1 es la traducción de la palabra en griego *elegchos*, que se puede traducir como convicción. La fe es la "convicción de lo que no se ve". Considera lo que significa tener la "convicción" de algo. ¿Cómo nos ayuda esto a ver a la fe como algo tangible y no solo como una virtud invisible?

Cualquier tipo de fe que deba ser confirmada por los sentidos, no es una fe real.
A. W. Tozer[2]

Adapta la definición que escribiste al principio del estudio de hoy a la definición de fe en Hebreos 11:1.

POR DEFINICIÓN

Dicho claramente, la fe es actuar sabiendo que Dios está diciendo la verdad. La clave aquí es la acción. Por definición, la fe no es hablar o pensar o siquiera celebrar la verdad de Dios. Es el proceso de adaptar nuestro comportamiento, nuestras decisiones y hasta todo nuestro estilo de vida para que esté de acuerdo a lo que Dios nos pide que hagamos, sin necesidad de ver las evidencias de que todo va a salir bien al final. De hecho, la cosa que hace que la fe sea fe es cuando como Daniel, Rahab y el pueblo de Israel, eliges actuar de acuerdo con la verdad a pesar de que no puedas ver cómo será el final. El acto de fe es el escudo de protección en contra de los ataques del enemigo.

Fe es actuar como que Dios está diciendo la verdad.
#LaArmaduradeDios

Subraya las palabras y frases clave en el párrafo anterior.

En la sesión de video, yo dije una frase en particular, un refrán memorable de mi papá, el pastor, Dr. Tony Evans, que quizás no hayas tenido la oportunidad de escribir. Asegúrate que tomas nota para guardarla: "La fe es actuar como que algo es, aun cuando no lo es, para que pueda llegar a ser, simplemente porque Dios lo dijo".

Termina el día de hoy haciendo una lista de todas las áreas donde sientes que Dios te está pidiendo que des un paso de fe en este momento, ya sea por una directiva clara de Su Palabra (perdonar, diezmar, etcétera) o porque sientes que el Espíritu de Dios te está guiando. Nos referiremos a esta lista durante la semana.

Si estás dudando en moverte hacia adelante con obediencia, ¿por qué? Trata de definir la situación y escribe las razones.

Si es un asunto mencionado directamente en la Palabra de Dios, escribe algunas referencias bíblicas.

Si la directiva que escribiste no está directamente mencionada en la Biblia…
• ¿Oraste fervientemente sobre el asunto?
• ¿Estás seguro que está alineado con los temas y la dirección revelados en las Escrituras y no manipulando o que van en contra de ella?
• ¿Pediste el consejo sabio de alguien con autoridad espiritual en tu vida?

Ahora, aplica estos cuatro elementos de la definición de fe de mi papá a esta área de tu vida. Escribe lo que piensas de cada uno.
Fe es:

•Actuar como que algo es (¿Cómo responder en forma práctica con fe?)

•Aun cuando no lo es (¿Cuáles son los elementos que no ves que hacen que tener fe sea difícil?)

•Para que pueda llegar a ser (¿Cuáles son las promesas de Dios para ti?)

•Simplemente porque Dios lo dijo (¿Qué te pidió Dios que hicieras?)

Aunque la fe a menudo requiere riesgos, también incorpora sabiduría. Una persona sabia busca dirección, claridad y confirmación antes de avanzar para evitar tomar una decisión impulsiva. De hecho, en la medida que tus decisiones afecten a otros o tu estilo de vida, más tiempo, esfuerzos y energías deberías usar confirmando la Palabra de Dios antes de hacer algo.

Pero una vez que tienes claridad en lo que crees que Dios te pide, tu próximo paso es la fe. Una fe activa. Ese escudo que te cubre y protege del maligno.

INFORMACIÓN TÁCTICA...

DÍA 2
EN LLAMAS

A casi todos los niños les gusta jugar a los "Indios y vaqueros". Hay algo acerca del "oeste salvaje", muchas veces exagerado, junto con las leyendas que ponen de manifiesto la imaginación de ellos. Pero en general, me parece que les gustan las peleas.

Sin embargo, los niños pretendiendo luchar en el "oeste salvaje" son bastante diferentes a la guerra real con armas reales. Tomemos, por ejemplo, la práctica en la frontera de organizar los ataques por sorpresa usando dardos de fuego. Esta táctica estratégica sorprendía al enemigo. Los dardos de fuego iniciaban el fuego en la cubierta de lona de una carreta, interrumpiendo las caravanas militares y desviando la atención de los ocupantes hacia el incendio en lugar de concentrarse en el enemigo.[3]

Las flechas ardiendo no eran para matar o destruir; eran para distraer.

En el día 1, terminaste la lección mostrando las áreas de tu vida en las que sentías que Dios te estaba pidiendo que dieras un paso de fe confiando en Su habilidad de que lo superarías. Si te sentiste distraído o con dudas acerca del avance, encierra en un círculo las razones que tienes.

Tu enemigo quiere distraerte. Para cegarte. Escúchame bien, no está lanzando los dardos contra ti indiscriminadamente. ¿Crees que todo lo que marcaste en este ejercicio pasa por casualidad, que no está relacionado con los ataques específicos del enemigo en tu contra? No, él estudia tu tendencia y hábitos, tu miedo y debilidades más profundas y en particular apunta a esas áreas. Él sabe que no puede destruirte. Tú estás seguro eternamente con Jesús. Pero él intenta desviar tu atención encendiendo todo tipo de fuegos internos en tu vida, como inseguridad, intimidación, ansiedad, preocupación y ocupación excesiva. Él quiere que consideres desobedecer, que tengas dudas paralizantes, y que llenes tu conciencia con acusaciones paralizantes para que estés desconcentrado y para poder atacarte por detrás.

Piensa en un problema específico de los que encerraste en un círculo. ¿Cómo puede hacer eso que te distraigas o te desvíes?

¿De qué otra manera viste al enemigo entrometiéndose o cegándote, quizás en otras áreas de tu vida, mientras tú estabas preocupado apagando otros fuegos internos?

Piensa en la persona o circunstancia difícil de la que escribiste en el óvalo en la primera semana del estudio de este libro, en la p. 11. ¿Ves alguna relación entre el paso de fe que Dios te pide y esa situación?

Los ejércitos romanos también enfrentaban "misiles ardiendo" de sus enemigos, excepto que se les llamaba *plumbatae*, y eran muy parecidos a las jabalinas que ves en los juegos olímpicos modernos, con las puntas cubiertas con alquitrán y encendidas. Con frecuencia se les llama "dardos", pero de los grandes y algunas veces se lanzaban con una catapulta para darles suficiente velocidad y certeza. Pero el objetivo era el mismo: distraer, desviar, crear el caos. Si una cantidad suficiente de estos dardos pegaban en el blanco, sus adversarios no serían capaces de avanzar en contra de ellos.

Pero los romanos tenían una respuesta para este tipo de ataque. Y tú también la tienes.

EXTINTOR DE INCENDIOS

El "escudo de la fe" era especialmente importante para el apóstol Pablo. ¿Quieres saber cómo lo sé? Porque, aparte de la oración, él puso más énfasis en esta pieza de la armadura que en ninguna otra, incluyendo información adicional antes y después de mencionar al escudo mismo.

Lee el pasaje en el margen y subraya las frases que rodean al "escudo de la fe" y que revelan el énfasis de Pablo.

Sobre todo, tomad el escudo de la fe, con que podáis apagar todos los dardos de fuego del maligno (Efesios 6:16).

¿Por qué crees que Pablo acentuó mucho los beneficios de esta pieza de la armadura? Prepárate para comentarlo con el grupo.

Aquí te presento dos formas que él usó para despertar la curiosidad hacia esta pieza de los pertrechos. Primero, él describe los beneficios de su uso. Con las otras piezas de la armadura, nosotros mismos tenemos que descubrir los beneficios estudiando otros pasajes de la epístola. Pero con el escudo, además de mencionarlo antes, cuando está hablando de la fe en Efesios 2:1-10, él inmediatamente nos dice cuáles son los resultados cuando se emplea el escudo.

También la frase "sobre todo" es una pausa lingüística en el pasaje que nos prepara para algo nuevo y diferente a la explicación de las primeras tres piezas.

Busca Efesios 6 y compara los versículos 14-15 con 16-17. ¿Cuáles son las diferencias más grandes que detectas en el tono de estas dos secciones? Escribe tus observaciones.

Él dice que el cinturón, la coraza y el calzado son el uniforme que los creyentes deben usar todo el tiempo. Minuto a minuto. Día a día. Pero a esta pieza del equipo él la trata diferente. Con el escudo, él nos ordena "tomad".

Míralo de esta manera: Una enfermera puede usar su uniforme todos los días para ir a trabajar porque es su uniforme. Pero cuando lo necesita, ella toma su estetoscopio, la máquina para tomar la presión, el termómetro, u otros instrumentos para usar con su paciente. De la misma manera, nosotros debemos usar diariamente el uniforme dado por Dios, pero estar listos para "usar" las otras piezas cuando sea necesario.

La primera de estas piezas de la armadura es el escudo de la fe. En el momento que sentimos una *plumbata* en nuestras vidas, de alguna manera activamos la fe como un escudo de protección sobre nuestras vidas.

Así que no te pierdas aquí la ironía. EL enemigo dispara flechas ardientes a tu vida, especialmente cuando eres llamado a andar por fe. Estas flechas son disparadas específicamente para impedirte que hagas la única cosa que te da el poder para apagarlas: ¡Andar con fe! Es un ciclo demoníaco que el enemigo espera que nunca descubras, un secreto diabólico que espera mantener escondido lo más que pueda. Él sabe que si puedes atravesar la inseguridad o la duda o el miedo que está quemando tu alma, y en cambio eliges creer la verdad de Dios y andar de acuerdo a ella, vas a levantar un escudo de protección que sofocará sus planes.

La fe hace que las flechas ardientes se esfumen. Mientras avanzas, sentirás una confianza santa que aumenta, un creciente valor temerario y una esperanza anticipada que aumenta en ti, empujando los obstáculos que una vez te abrumaron.

Recuerda algún momento en tu andar de fe donde sentiste tu confianza creciendo y los dardos de fuego apagándose.

La fe apaga los dardos de fuego.
#LaArmaduradeDios

Como dije en el mensaje del video, muchas veces estoy tentada a sucumbir bajo los misiles ardientes de la inseguridad y la intimidación en diferentes áreas de mi vida: el ministerio, ser madre y ser esposa. Para mí, caminar por fe significa hacer lo que Dios me llamó a hacer, siguiendo las instrucciones de Dios a pesar de lo incapaz que me sienta. Pero, déjame decirte, cuando estoy en el proceso de avanzar con obediencia, puedo literalmente sentir la confianza aumentando y todos esos fallos desintegrándose. ¡El escudo de la fe funciona! Yo soy una prueba viviente de ello.

El enemigo también conoce el poder de la fe. Y por eso está trabajando a tiempo extra para mantenerte ocupado o con miedo a arriesgarte. La única manera de derrumbar esos bastiones en tu vida es sobrepasando esos "fuegos internos", sin distraerte más y poniendo el escudo de la fe en su lugar.

Recuerda el problema que escribiste al final del día 1, la directiva clara que tienes que seguir. ¿Qué paso tomarás con obediencia antes que termine esta semana como "prueba" de tu compromiso?

¿A quién eliges para rendirle cuentas?

A medida que avances con obediencia, toma nota de cómo ves a los dardos de fuego del maligno apagándose más y más cada día.

LA FORMACIÓN TORTUGA

¿Cómo apaga el escudo a los dardos de fuego del enemigo?

Los soldados romanos, cuando avanzaban en la batalla, naturalmente mantenían los escudos en frente de ellos. Pero si el enemigo estaba lanzando dardos encendidos, los soldados usaban los escudos de una manera más estratégica.

Ellos sumergían los escudos en agua, luego se juntaban en un grupo, y se cubrían con los escudos puestos sobre las cabezas. Los ganchos que estaban estratégicamente colocados en los costados de los escudos les permitían engancharlos unos con otros. Cuando estaban formados en una unidad como esa, los escudos empapados de agua formaban una caparazón densa y húmeda que los protegía desde arriba, se llamaba "la formación tortuga". Como los escudos tenían "hendiduras entre las capas, las flechas ardientes penetraban lo suficiente dentro del escudo para apagarse."[4]

Dos tercios del *scutum* podían cubrir a todo un soldado y un tercio de otro. Cuando los escudos estaban enganchados, no había espacios en la formación.

Sí, es cierto. El escudo no solo desviaba las flechas; también las apagaba.

Considera la "formación tortuga" romana, como el escudo de un soldado estaba diseñado para enganchar con otro, a la luz del énfasis de Pablo en nuestras relaciones dentro del cuerpo de Cristo. ¿Qué nos dice eso sobre cómo debemos preocuparnos por edificar la fe de los demás? ¿Y cómo una fe activa puede fortalecer a toda la comunidad de Cristo? Prepárate para comentar esto con el grupo. Lee Eclesiastés 4:9-12 para que sirva de inspiración en el debate.

Hebreos 11 ha sido llamado durante mucho tiempo el capítulo de la fe. Observa a las siguientes personas, y escribe cualquier observación interesante que encuentres sobre cómo utilizaban la fe en sus experiencias.

Noé (v. 7)

Abraham (vv. 8-10)

Sara (vv. 11-12)

Moisés (vv. 24-26)

¿Cómo emplearon una fe activa?

¿Cómo extinguieron estas acciones cualquier cosa que los podía paralizar?

¿Cuáles podrían haber sido los efectos generacionales trágicos, si hubieran elegido no seguir adelante en fe?

¿Por qué hubiera sido eso una ventaja para el enemigo?

¿Con cuál de estas personas e historias te relacionas más? ¿Alguna de ellas? Si es así, ¿cómo se parecen sus situaciones a las tuyas?

Cada uno de estos individuos tuvo que tomar una decisión difícil: sucumbir a lo que podían ver, o confiar en Dios para lo que no podían ver. ¡Qué grandes ejemplos son para nosotros! Solamente actuando con fe te colocas en la "formación tortuga" y apagas los dardos de fuego que el enemigo lanza a tu vida. Así que, si quieres suprimir la inseguridad, borrar las dudas, aquietar el miedo, eliminar el odio y sobreponerte a la intimidación, te debes mover con obediencia. Con fe.

Ser una persona que extingue los dardos de fuego del enemigo significa:

• Vivir con inquebrantable confianza en Dios y Sus promesas para ti;
• Caminar hacia delante de acuerdo a la verdad revelada en Su Palabra y Sus directivas personales para tu vida;
• Por Su poder, dejar el miedo y las dudas que pueden paralizarte con inseguridad, eligiendo en cambio seguir a Dios donde quiera te esté guiando, confiando que Él se ocupará del resto.

Cuando tú y yo determinamos vivir de esta manera, nos encontramos bajo la protección de la "formación tortuga", que destruirá los intentos astutos del enemigo de arruinar nuestras vidas.

La fe. Es poderosa.

Hoy tu "Información Táctica" debe ser literalmente un plan de acción. ¿Qué te está pidiendo Dios que hagas? ¡Hazlo! Con fe.

INFORMACIÓN TÁCTICA...

DE BUENA FE

Después de dieciséis años de matrimonio, Jerry y yo decidimos construir una casa. Teníamos ganas de hacerlo y deseábamos empezar.

Teníamos en mente a un constructor específico que esperábamos que aceptara nuestro proyecto. Tenía muy buena reputación, y había construido casas en el área de Dallas/Fort Worth por decenas de años; era muy conocido y respetado en la comunidad por su integridad, y la excelente calidad de su trabajo. Además de eso había sido amigo personal de mi padre por casi veinte años. Así que sabíamos que podíamos confiar en él.

Arreglamos nuestra primera entrevista con él y el arquitecto que nos iba a ayudar elaborando un diseño que fuera funcional para nuestra familia. Pero antes de la primera reunión, me mandó por correo electrónico una copia del contrato que quería que firmáramos, describiendo los términos del convenio para construir nuestra casa con su empresa. Pero el contrato requería más que nuestras firmas. Para continuar era necesario que diéramos una buena suma de dinero, llamada "depósito de garantía" o "pago de buena fe". Jerry y yo firmamos el contrato y escribimos el cheque para entregarlo en la primera reunión.

Usa la ilustración anterior para contestar a las siguientes preguntas:
¿Cuál es la diferencia en el nivel de compromiso entre firmar el contrato y escribir el cheque que lo respalda?

Además del nivel de compromiso, ¿cuál es la diferencia en el riesgo y el sacrificio involucrados en firmar el contrato contra escribir el cheque?

¿Cómo se puede relacionar esto con la diferencia entre creencia y fe?

¿Qué mostró el hecho de escribir ese cheque sobre nuestro deseo de construir la casa?

¿Qué demostró sobre lo que sentíamos acerca del constructor?

Escribir el cheque requirió un nivel de compromiso más grande que simplemente firmar el contrato. Y nos ponía en una posición más arriesgada que si solo firmábamos el documento. Pero Jerry y yo decidimos firmar ambos porque queríamos expresar nuestro compromiso con el proceso.

Sin embargo, escribir ese cheque hizo algo más. También hizo una declaración importante. Mostró que creíamos que el constructor era suficientemente confiable para cumplir su parte. Tanto su fidelidad durante muchas décadas, como su carácter sólido y su conocida integridad, nos dieron la confianza necesaria para tomar esa decisión. Había probado que era confiable y sabíamos que valía la pena asumir el riesgo.

Tomar el escudo de la fe es como escribir un cheque "de buena fe" a Dios. Es una prueba de que confías en Él. Sí, la fe usualmente implica sacrificios porque generalmente encierra cierto nivel de riesgo de tu parte. Pero vale la pena asumir ese riesgo si Aquel de quien dependes se ha mostrado confiable, una y otra vez, de una generación a otra. Tu Dios es fiel y por eso puedes vivir una vida llena de fe, Él es confiable.

En el día 2, leíste sobre cuatro personas que se mencionan en Hebreos 11. Elige una, y después toma un momento para considerar qué pudo ser el sacrificio que hizo para obedecer a Dios. Escribe lo que descubras.

Porque Él es fiel yo puedo tener una vida llena de fe. #LaArmaduradeDios

Cuidadosamente considera lo que te costaría caminar con fe en el área de tu vida que estás considerando esta semana.

¿Cómo impide ese costo que sigas adelante?

FIEL

Es posible que al leer la descripción que hace Pablo de la fe como protección en contra de los ataques del enemigo, que se malinterprete su connotación; llegando a creer que los humanos, de alguna manera, tenemos el poder de protegernos a nosotros mismos si tenemos suficiente fe. Pero hay que considerar dos cosas importantes aquí. Primero, la fe no controla a Dios. No obliga a Dios a hacer algo. Una mejor interpretación de lo que pasa es que la fe nos da acceso a lo que Dios ya había previsto hacer para nosotros.

Pablo destaca esto en Efesios 2, cuando está hablando del papel de la fe en nuestra salvación. Dios es el que por gracia nos ofrece la salvación; la fe simplemente nos permite tener acceso a ella. Nuestra fe no produce nuestra salvación. La salvación es un don [regalo], pero la fe nos permite recibir ese regalo por medio de la gracia.

> Porque por gracia sois salvos por medio de la fe; y esto no de vosotros, pues es don de Dios (Efesios 2:8).

Segundo, cuando decimos que "tenemos fe", realmente decimos menos de nosotros y más acerca de Dios. La fe no se concentra en la cualidad o cantidad de la creencia humana. Se concentra en lo confiable, verdadero y leal que es el objeto de nuestra fe.

¿Recuerdas la ilustración que di en el video usando una silla, la amistad y un micrófono para mostrar este principio? ¿Puedes pensar en otro concepto que ilustre cómo tú fe habla más acerca de la integridad del objeto de fe que de la fuerza del que la ofrece? Escribe tus pensamientos y prepárate para compartirlos con el grupo.

> Los apóstoles le pidieron al Señor "auméntanos nuestra fe". "El Señor les dijo: Si tuvierais fe como un grano de mostaza, podríais decir a este sicómoro: Desarráigate, y plántate en el mar; y os obedecería" (Lucas 17:5-6).

Lee Lucas 17:5-6 en el margen. Subraya lo que pidieron los discípulos. Encierra en un círculo la respuesta de Jesús.

El hecho que una silla me pueda sostener o no, no tiene nada que ver con la cantidad de fe que yo tenga. Puedo poseer toda la fe del mundo, pero mi fe no hace a la silla más fuerte o duradera. Así que no necesito incrementar mi fe, sino conocer la fortaleza de la silla. A medida que sea más fuerte, estaré más dispuesta a sentarme y permitir que soporte mi peso.

A manera de ejemplo: En Lucas 17, cuando los apóstoles le pidieron a Jesús que les diera más fe, Jesús había estado hablando sobre la importancia de perdonar a aquellos que los habían herido u ofendido, cómo debían perdonar sin quejarse ni calcular, sino continuamente y con abundancia. Los discípulos se sentían tan mal preparados para obedecer esta tarea (igual que algunos de nosotros) que pidieron más fe para poder hacerlo.

La respuesta de Jesús fue reveladora. Él les dijo categóricamente que si alguien tiene un poco de fe, del tamaño de una semilla pequeña, tiene suficiente fe para vivir una vida llena de fe. Y la razón es clara; un poco de fe es todo lo que necesitas cuando estás firmemente plantado en la Persona correcta. La "buena fe" no tiene cierto tamaño o fuerza; es una fe simple que está dirigida y enraizada en un Dios bueno.

La fe buena está arraigada en un Dios bueno.
#LaArmaduradeDios

¿Alguna vez sentiste la necesidad de tener "más fe" cuando sentiste que Dios te pedía que hicieras algo? ¿Cuáles fueron las circunstancias que te rodeaban?

Escúchame bien. Si estás luchando para avanzar con obediencia a Dios, no necesitas una fe más grande. Solamente necesitas darte cuenta de lo grande que es Dios. Cuanto más fiel y fuerte creas que Él es, más dispuesto estarás a depender de Él. Tu nivel de fe siempre estará unido a tu percepción de Dios. Si tu percepción de Él es errónea, tu fe va a ser errónea. Si tu percepción es certera, tu fe también lo será. No necesitas más fe; necesitas más comprensión y una visión correcta de la fidelidad de Dios.

Busca pasajes como Mateo 6:30, 8:26 y 16:8, en los que Jesús califica la fe de alguien como "poca". En esos casos el tamaño de su fe estaba en relación directa con su percepción de Jesús. Él estaba llamando a los discípulos para que tuvieran una comprensión más clara de Su cuidado de ellos. Él no estaba desafiándolos para que se concentraran en la fe; Él les estaba diciendo que se concentraran en Él.

Con respecto al paso de fe que personalmente estás considerando durante esta semana de estudio, ¿qué dicen tus acciones (obediencia o no) acerca de lo que realmente sientes sobre la fidelidad e integridad de Dios?

❏ Creo que Dios es poderoso y fuerte y que me ama y cuidará de mí.
❏ Creo que Dios es poderoso y fuerte, sí, pero cuestiono Su amor y Su deseo de cuidarme.
❏ Realmente no sé si creo que es Todopoderoso. No estoy seguro si me protegerá.

Elige un versículo del Antiguo Testamento y uno del Nuevo de las opciones de abajo y léelos cuidadosamente y en oración. Escribe las palabras o frases de cada uno que te hablen más convincentemente acerca de la fidelidad de Dios. Considera incluir estos versículos en tu estrategia de oración de esta semana para que constantemente te recuerden lo confiable que es Dios.

Antiguo Testamento
Deuteronomio 7:9
Salmos 36:5
Isaías 25:1

Nuevo Testamento
2 Tesalonicenses 3:3
1 Corintios 10:13
2 Timoteo 2:13

Nuestra acción o inacción es una prueba de fuego que nos da la respuesta correcta de lo que creemos ser verdad acerca de Dios. Podemos sentir que tenemos poca fe, y sin embargo sentir que tenemos una fe vigorosa porque elegimos seguir adelante sin tener en cuenta cómo nos sentimos. Contrariamente, podemos ser personas que pretendemos tener una fe fuerte, listos para una aventura con Dios, pero cuando Él realmente nos llama a hacerlo, nos negamos porque sucumbimos al miedo y la duda o nos distraemos con las circunstancias de la vida que parecen más importantes y urgentes. Así que nunca detectamos nuestro nivel de fe (o la fe de otro) por cómo nos sentimos, sino mediante lo que estamos dispuestos a hacer con obediencia a Dios.

Mientras recuerdas lo fiel y confiable que es Dios, vas a estar más dispuesto y hasta entusiasmado para descansar en Él. Tu escudo de fe funciona porque está directamente vinculado a la fidelidad de Dios.

Porque Jehová es bueno; para siempre es su misericordia,

Y su verdad por todas las generaciones (Salmos 100:5).

INFORMACIÓN TÁCTICA...

UN FUNDAMENTO FIRME

Esta semana, definimos la fe con un significado simple: Fe es actuar sabiendo que Dios está diciendo la verdad.

Verdad. Este es el eje donde se basa todo el concepto de la vida llena de fe. Si no conoces la verdad, realmente nunca sabrás cómo actuar de acuerdo con ella. La verdad del carácter de Dios y Su Palabra te dan el entorno que permite que tu fe florezca y se desarrolle.

¿Por qué crees que la relación entre la verdad y la fe es tan importante?

Recuerda un tiempo cuando tú u otra persona que conoces actuó sin tener un fundamento firme en la fe. ¿Qué pasó?

La verdad de Dios es lo que hace que tener fe en Él valga la pena. Sin la verdad, no tenemos nada sólido para enganchar nuestro escudo de la fe. Así que, conocer la verdad de Dios y la verdad acerca de Dios, como se revela en Su Palabra, es muy importante si queremos vivir nuestra fe responsablemente, si queremos experimentar los beneficios de estar protegidos por nuestro escudo.

Yo me referí a Lucas 5:1-7 y 11, al final del mensaje del video, la historia acerca de Jesús diciéndole a Simón que vuelva y tire sus redes una vez más. Observemos de cerca la escena.

Abre tu Biblia en este pasaje y lee la historia de principio al fin. Contesta las siguientes preguntas:

¿Qué estaba haciendo Simón al final del versículo 2, después de una frustrante noche de pesca, que hacía que fueran más difíciles de seguir las instrucciones de Jesús?

Pensando en la relación entre la verdad y la fe, ¿por qué piensas que es importante lo que dice el versículo 4? "Cuando [Jesús] terminó de hablar, dijo a Simón…" [Énfasis mío]

¿Qué revela la respuesta de Simón en el versículo 5 acerca de esos "dardos de fuego", con los que posiblemente estuviera lidiando?

¿Qué dijo Simón (v. 5) que revela el momento en el que usó el escudo de la fe?

¿Cuál fue la respuesta de Simón y la de sus compañeros (v. 11)?

Encierra en un círculo cualquiera de las preguntas que personalmente te resulten familiares. Escribe abajo las formas en las que esos detalles se relacionan con algo que estés enfrentando hoy.

¿Qué te está pidiendo Dios que hagas en respuesta a lo que viste en el ejemplo de Simón?

Una vez que Simón escuchó el mandato de Jesús, ya no dejó que su experiencia como pescador o su desilusión de la noche anterior, le impidiera seguir adelante. Él confió en Jesús y en Su Palabra más que en sus propias percepciones, habilidades y sentimientos. No aceptó sentirse anulado por la duda o por el agotamiento físico. Él escuchó la verdad, la palabra de Dios, y creyó. Para probarlo, fue a donde lo mandaron a pesar de cómo se sentía. Jesús había hablado, y eso fue suficiente. No necesitaba nada más para estar dispuesto a ensuciar de nuevo las redes que recién había lavado. Era suficiente para remar en su bote desde la seguridad de la orilla hasta las aguas más profundas, fuera de su rutina diaria. Por último, era suficiente para seguir a Jesús a partir de ese momento, a donde Él lo guiara, por el resto de sus días.

Escuchar a Dios y conocer Su verdad es importante.

ESCUCHANDO A DIOS

Cualquier conversación sobre la fe estaría incompleta si no se resalta la importancia crucial de escuchar la clara y precisa voz de Dios. Si no somos cuidadosos, la fe fácilmente puede transformase en insensatez, en un comportamiento imprudente, impulsivo, y hasta temerario y peligroso, hecho en nombre de la fe. Pero la fe verdadera siempre tiene que estar edificada directamente sobre el fundamento de la Palabra escrita de Dios y en como Su Espíritu te guíe a aplicarla en tu vida.

¿Cómo describirías la diferencia entre la fe y la insensatez?

Mis ovejas oyen mi voz, y yo las conozco, y me siguen (Juan 10:27).

¿Qué es lo que impide que alguien cruce los límites de una a otra?

Para estar claros, algunos de los problemas que enfrentamos en la vida, no requieren una revelación personal. Dios claramente se ha mostrado en muchas cosas por medio de Su Palabra inmutable. Pero cuando buscamos claridad en los detalles más delicados de nuestras vidas, queramos o no meternos en aguas profundas como Simón, el Espíritu de Dios nos convencerá (Juan 16:8), enseñará (1 Juan 2:27), guiará (Juan 16:13), y llevará (Mateo 4:1). Quizás lo haga con principios bíblicos o quizás a través de un consejo de un cristiano u ordenando las circunstancias alrededor de nosotros.

Como creyentes, tenemos el privilegio de conocer Su dirección cuando la buscamos en oración. Él es fiel en mostrarnos la verdad, para darnos Su dirección para el próximo paso que se supone que debemos dar. De hecho, estar confiados y firmes en ese paso es crucial para ayudarnos a estar ecuánimes en la búsqueda de un estilo de vida protegido por el escudo de la fe.

Busca los siguientes versículos que revelan a la palabra de Dios en un área en particular de la vida. Traza una línea que conecte la referencia bíblica con la verdad, promesa o directiva correspondiente.

Deuteronomio 31:6   Perdona

Filipenses 4:6   Cuida lo que dices y cómo lo dices

Romanos 13:1-2   Huye de la inmoralidad sexual

2 Corintios 6:14   No te unas en una relación con un incrédulo

Efesios 4:29   Sé agradecido en lugar de ansioso

2 Corintios 2:7   Dios nunca se apartará de tu lado

Malaquías 3:10   Ve a la iglesia

1 Corintios 6:18   Sométete y respeta la autoridad

Hebreos 10:25   Diezmo

Encierra en un círculo algún asunto en el gráfico de arriba que pudiera tener aplicación, en la actualidad o en el pasado, a un área de tu vida. Contesta las siguientes preguntas: ¿Respondiste obedeciendo a la verdad revelada en la Biblia? ¿Por qué sí o por qué no?

¿Permitiste de alguna manera que tus sentimientos anularan tu compromiso de obedecer?

Si fue así ¿cuál fue el resultado de seguir tus sentimientos?

Una vez que sepas con claridad la verdad de Dios o de Su promesa con relación a un asunto, ese es el momento de avanzar de una manera que sea congruente con eso. Escucha con atención: tus sentimientos nunca deben ser el factor determinante de tus acciones. Los sentimientos cambian y están sujetos a los estímulos externos. Las acciones tomadas con fe deben estar apoyadas en algo más sólido y estable. El enemigo siempre está esperando que te dejes llevar por tu forma de sentir en lugar actuar de acuerdo con la verdad estable y venerada que conoces. Es por eso que trabaja horas extra para que te sientas inseguro, sin amor, incapaz (este parece su favorito) y con miedo. Él espera que tú confíes en esos sentimientos y que ellos te dirijan, en lugar de que sigas a la verdad de la Palabra de Dios.

Y hablando de miedo…

EL FACTOR MIEDO

Porque no nos ha dado Dios espíritu de cobardía, sino de poder, de amor y de dominio propio (2 Timoteo 1:7).

El miedo es uno de los impedimentos más útiles que el enemigo usa contra una vida llena de fe. El miedo va a hacer que dejes caer el escudo y que salgas corriendo. En realidad el miedo es una de las estrategias que más usa Satanás para paralizar y devastar al pueblo de Dios. No estoy hablando de la preocupación legítima o los avisos protectores del consejo sabio y piadoso. Estoy hablando del miedo. De la preocupación constante. La ansiedad durante toda la noche. De que la probabilidad del peor de los casos se convierte en lo único en lo que se puede pensar.

Este problema del miedo es tan conocido e importante para Dios que más de trescientas veces en las Escrituras, le dice a Su pueblo, de una u otra manera, no tengas miedo. "No temáis". "No tengáis temor" "No tengáis miedo". Búscalo. Está en todas partes. ¿Tú sabes cuando estás buscando por todos lados un versículo para que te diga lo que Dios quiere que hagas? Bueno, aquí lo dice trescientas veces. Todos ellos dicen lo mismo: "No tengas miedo".

Escribe cualquier asunto en el que el miedo te esté impidiendo caminar con fe en este momento.

¿Estás de alguna manera alimentando ese temor en tu vida en vez de pelear en su contra y superarlo?

Mañana vamos a comenzar a escribir nuestra estrategia de oración para la semana. Pero quiero que comiences ahora a concentrarte en ese tema del miedo. Que lo enfrentes como por lo que realmente es, un ardid del enemigo para impedirte caminar en la verdad. Dondequiera que hay miedo, puedes estar seguro que el enemigo está cerca, buscando estratégicamente como paralizarte de lo que él sabe que es lo mejor de Dios para ti.

Pero esta semana, su reino de terror se termina. Porque ahora tú sabes la verdad. Descubrimos su engaño. Nuestro Dios es la verdad y vale la pena seguirlo. Él siempre está allí, siempre Él es más fuerte que Satanás, para escuchar nuestras afligidas oraciones, cumpliendo Sus promesas, y dándonos un poco más de la luz que necesitamos para caminar firmes hacia Él.

Levanten los escudos, soldados. Estamos caminando con fe.

INFORMACIÓN TÁCTICA...

SESIÓN DE ESTRATEGIA

Cerca de nuestra casa hay un puente que cruza sobre un profundo barranco. Está un poco viejo e inestable. Casi siempre que viene un visitante manejando, se para junto al puente, inseguro de si se puede arriesgar a cruzarlo. Pero yo no. Nunca tengo miedo de cruzar el puente. Siempre que manejo hasta allí, cruzo inmediatamente el puente con el auto sin ninguna reserva. La razón es simple: la oficina de nuestro ministerio está del otro lado del puente, y UPS® regularmente trae paquetes. Así que, como he visto a camiones de dos toneladas cruzar el puente una y otra vez, yo sé que puede soportar a mi sedán de cuatro puertas sin problemas. Diariamente la firmeza del puente ha ganado mi confianza y me hace sentir tranquila cuando me dispongo a cruzarlo.

Esta semana has estado pensando si "cruzar o no el puente", si debes tomar un riesgo de fe y seguir a Dios adonde te guíe en áreas específicas de tu vida. Cuando termines esta semana, mientras completas tu"Información Táctica"y preparas tu estrategia de oración, no pases por alto que tu objetivo debe ser acentuar la fidelidad de Dios. Recuerda que Él ha llevado el peso de Su pacto con Su pueblo por generaciones. Su lealtad, integridad y fidelidad son inigualables. Escribe Sus promesas y declaraciones de fidelidad para ti como parte de tus oraciones. La mención de ellos no solamente reforzará tu confianza sino que también extinguirá algunos dardos de fuego dirigidos en tu dirección. Deja que el diablo te escuche diciendo...

> Conoce, pues, que Jehová tu Dios es Dios, Dios fiel, que guarda el pacto y la misericordia a los que le aman y guardan sus mandamientos, hasta mil generaciones (Deuteronomio 7:9).

Y ...

> Y sabemos que a los que aman a Dios, todas las cosas les ayudan a bien, esto es, a los que conforme a su propósito son llamados (Romanos 8:28).

Y ...

> Mantengamos firme, sin fluctuar, la profesión de nuestra esperanza, porque fiel es el que prometió (Hebreos 10:23).

Y ...

> Jehová está conmigo; no temeré (Salmos 118:6).

Cada vez que digas la oración que vas a escribir, recuérdale y afírmale al diablo que tu Dios es un puente que vale la pena cruzar porque Él nunca te decepcionará.

Nunca.

Vale la pena arriesgarse por Él.

6

SEMANA 6
EL YELMO DE LA SALVACIÓN

Efesios 6: 14-16
Efesios 6: 17

Tu salvación es tu _liberación_.

> Estad, pues, firmes en la libertad con que Cristo nos hizo libres, y no estéis otra vez sujetos al yugo de esclavitud (Gálatas 5:1).

La salvación no es solo *redención*. Es un _dispositivo_. de protección y de defensa.

La salvación sirve para implementar una nueva y completa manera de _pensar_ en tu vida.

El _enemigo_ quiere atacar tu _mente_.

La salvación te da una cobertura _completa_, todo lo que necesitas para estar _protegido_ de los ataques del enemigo.

2 corit 10:4

Proverb. 23:7

Efesios 1:3

Lo que el cerebro es para el cuerpo, la _mente_ lo es para el alma.

La salvación tiene que ver con tu _identidad_. Es quién eres en

Cristo.

> _X_ Por lo cual, desechando toda inmundicia y abundancia de malicia, recibid con mansedumbre la palabra implantada, la cual puede salvar vuestras almas (Santiago 1:21).

Filipenses 2:5

A veces los milagros más grandes que Dios hace no están en nuestras circunstancias, están en nuestra mente.

Nosotros _cooperamos_ en el proceso de la _Santificación_.

> Así que, hermanos, os ruego por las misericordias de Dios, que presentéis vuestros cuerpos en sacrificio vivo, santo, agradable a Dios, que es vuestro culto racional. No os conforméis a este siglo, sino transformaos por medio de la renovación de vuestro entendimiento, para que comprobéis cuál sea la buena voluntad de Dios, agradable y perfecta (Romanos 12:1-2).

Las fortalezas se _derrumban_ por la palabra de Dios.

Nossa mente se renova com a palavra de Deus

As fortalezas se derrubam pela palavra de Deus.

UNA SALVACIÓN TAN GRANDE

Mi segundo hijo, JC, se lesionó la semana pasada. Estaba montando en bicicleta cuesta abajo, muy cerca de su primo Jessie. A medida que la velocidad aumentaba, Jessie decidió frenar sin avisar. Dado que JC iba muy cerca, apretó los frenos, muy fuerte. ¡Muy fuerte! Tan fuerte que salió volando por sobre el manubrio de la bicicleta cayendo sobre el camino de concreto.

Salió con una muñeca fracturada y la rodilla terriblemente pelada, ese tipo de lesiones que requieren un ungüento especial, que hay que untar todos los días para evitar una infección. Arde un poco cuando se aplica. A él no le gusta mucho el proceso.

Pero lo hacemos igual. Porque solamente tener la medicina correcta no es suficiente si él quiere todos los beneficios que otorga. La única manera en la que se sanará es si la usa, no de vez en cuando, sino todos los días.

Define y describe la salvación lo mejor que puedas. ¿Qué significa y qué hace por un individuo?

DE PRINCIPIO A FIN

Tener algo no significa que el recipiente experimentará los beneficios que otorga su uso. Tener esta distinción en mente es muy importante cuando Pablo introduce esta pieza de la armadura espiritual.

Escribe la primera parte de Efesios 6:17 en el espacio.

Busca en la parte interior de la cubierta posterior de este libro y dale un vistazo al yelmo tradicional del soldado romano. Escribe el principio espiritual correspondiente a su lado.

¿Por qué crees que Pablo asocia la salvación con esa pieza de la armadura?

¿De qué manera piensas que nuestra salvación puede actuar como una protección para nuestra mente?

A menudo la experiencia de la salvación es reducida a algo que solamente afecta el destino eterno de una persona, el cielo o el infierno. Pero aclaro, el hecho de que afecta el resultado de la eternidad, ya que nos da una esperanza increíble. De hecho, parte de lo que significa usar el yelmo [casco] de la salvación es vivir cada día a la luz de la eternidad y el futuro prometido que tenemos. Hacer eso, sin lugar a dudas, cambia la manera en la que vivimos el presente.

El yelmo de la salvación posiblemente fue tomado de la descripción del guerrero divino en Isaías 59:17, "se vistió […] con yelmo de salvación en su cabeza".

Primera Tesalonicenses 5:8 llama al yelmo "la esperanza de salvación". Conversa con tu grupo sobre la manera en la que nuestra salvación en Cristo nos da esperanza y confianza aun cuando pasamos por las pruebas y las dificultades en el mundo. ¿Cómo influye en nuestras decisiones, sentimientos y acciones? Para más información lee Romanos 8:23-24.

Mientras que las implicaciones futuras de nuestra salvación son cruciales y nos dan una esperanza sorprendente, esto no es todo lo que ofrece. Si la salvación solamente nos diera un pasaje a la eternidad, ¿de qué nos beneficia mientras que estamos en la tierra? ¿Tenemos que sentarnos a esperar y vivir nuestros días hasta el momento en el futuro cuando el Señor vuelva o nos vayamos al cielo, pase lo que pase primero?

No, la salvación, la tuya y la mía, es mucho más que los beneficios que recibiremos en el futuro. Debiera hoy producir un impacto claro en nuestra vida cotidiana. Pero este efecto solamente se puede experimentar en la misma medida en la que apliquemos los beneficios de la salvación a nuestra vida cotidiana.

La recepción de la salvación no es lo mismo que la aplicación de la salvación. La primera nos redime; la segunda diariamente nos restaura y protege de los ataques del enemigo.

Pues mucho más, estando ya justificados en su sangre, por él seremos salvos de la ira. Porque si siendo enemigos, fuimos reconciliados con Dios por la muerte de su Hijo, mucho más, estando reconciliados, seremos salvos por su vida (Romanos 5:9-10).

Miremos a varios pasajes que nos ayudarán a entender la salvación de manera cabal.

Lee Romanos 5:9-10 en el margen. Léelo dos veces lentamente.

¿Puedes detectar las etapas de la salvación expresadas en este pasaje? Escribe tus pensamientos.

En la semana 3 estudiamos Santiago 1:21. Considera la segunda mitad de este versículo a la luz de lo que estamos estudiando hoy. Mientras lo haces, recuerda que la epístola de Santiago, igual que la de Romanos, fue dirigida a personas que ya eran creyentes. Escribe los múltiples niveles de efectividad de la salvación expresadas en este versículo.

Por lo cual, desechando toda inmundicia y abundancia de malicia, recibid con mansedumbre la palabra implantada, la cual puede salvar vuestras almas (Santiago 1:21).

Estos pasajes nos dan una perspectiva clara de la efectividad presente de la salvación. Primero, la muerte de Cristo nos justifica declarándonos "justificados en su sangre" (Romanos 5:9). *Justificación* es un término legal que significa absolución. Quiere decir que estamos absueltos y no tenemos que pagar la deuda que teníamos por nuestros pecados.

Pero nuestra salvación no termina al pie de la cruz. Si estás maravillado de lo que logró con su muerte, imagínate cuánto más se logra "por Su vida" (Romanos 5:10). El hecho que Él vive significa que nuestra salvación fluye en las experiencias diarias que vivimos. Como dice Santiago 1:21, nuestras "almas" son salvas cada día y progresivamente por medio del Espíritu y la Palabra de Dios. Esto es santificación y es como podemos experimentar la vida abundante que Cristo vino a dar a todos los que creen en Su nombre.

De la semana 3 de nuestro estudio ¿recuerdas lo que es la santificación? Escribe una definición con tus palabras.

Describe la diferencia entre la santificación y la justificación.

¿Cómo influye en tu mente el proceso de santificación?

La salvación no es simplemente un evento del pasado (justificación) con implicaciones futuras. Mientras vivimos bajo su bendición, diariamente disfrutamos de una realidad, vibrante y viva en el presente (santificación). Tampoco ocurre una sola vez. La santificación es un proceso por el cual continuamente somos librados en la tierra de la ira de Dios, fortalecidos contra los ataques del enemigo y moldeados a la imagen de Cristo a medida que nuestra mente se renueva.

Ahora comenzamos a entender lo que significa usar la salvación como yelmo.

Vuelve a leer los versículos que estás estudiando hoy en Romanos 5 y Santiago 1. Subraya las palabras que se relacionan con la justificación. Encierra en un circulo las que se refieren a la santificación.

¿Generalmente tiendes a pensar en la salvación en términos de lo que significó en tu pasado (justificación) o en tu futuro (glorificación)? ¿O también la consideras por lo que significa para tu vida cotidiana (santificación)?

¿Cómo pones en práctica la salvación en tu vida? ¿Qué beneficios prácticos se ven en tu experiencia? Estás listo para compartirlo con el grupo.

RESCATADO Y RESTAURADO

Lee la siguiente definición de la salvación del *Lexham Theological Wordbook:* Salvación es el **rescate** de un estado de peligro y la "**restauración** a la entereza y prosperidad".[1] En libro explica que en la Biblia, cuando se usa la palabra salvo, hasta con referencia a una nación salva de enemigos extranjeros, no solamente significa que escaparon de la muerte sino que entraron en un estado de vitalidad, integridad, victoria y seguridad. La salvación de nuestro Dios es integral e implica el bienestar de la persona en su totalidad, no solamente rescatándola, sino también aboliendo las circunstancias negativas.

Considera las dos palabras que se resaltan en el párrafo anterior. ¿De qué manera has visto o has experimentado a ambas? Escribe algún ejemplo.

1. El poder de rescate de la salvación.

2. El poder restaurador de la salvación.

Si la salvación solo ofreciera la redención de nuestros pecados y el escape de la pena, ciertamente eso sería suficiente para celebrar por el resto de nuestros días. Porque el hecho es que hay una gran esperanza al saber que este mundo que nos abruma no es nuestro hogar. Pero Dios en su gracia sorprendente diseñó la salvación para que ofrezca mucho más. A medida que desarrollemos la idea en los próximos días, podrás ver tu salvación como una defensa, como una protección que te cubre, que te protege en contra de las artimañas del diablo. Te ayuda a vivir una vida íntegra y saludable, no fracturada por las estrategias engañosas del enemigo.

Esto es lo que el diablo no quiere que tú sepas. Porque hasta que no pongas en práctica la salvación en tu vida, estarás vulnerable a sus ataques por el resto de tu vida, a pesar de que ya eres salvo.

Esta semana vamos a analizar lo que la Biblia quiere decir cuando dice "ocupaos en vuestra salvación" (Filipenses 2:12) ponérsela como un yelmo [casco] de protección para tu vida. Concluye esta lección escribiendo, no solamente tu Información táctica, sino también agradeciendo al Señor la totalidad de tu salvación, el poder que te rescata y que te restaura. Después deciden ser "sobrios, habiéndonos vestido con la coraza de fe y de amor, y con la esperanza de salvación como yelmo" (1 Tesalonicenses 5:8). Nos encontramos mañana para ponerla en su lugar.

INFORMACIÓN TÁCTICA...

DÍA 2

LA HERENCIA

A mi familia y a mí nos gusta ir a los campamentos en el verano. Tenemos muy buenos recuerdos de muchos de ellos, a los que hemos ido a lo largo de los años. Nos encantan las actividades al aire libre, el ambiente entusiasta y el énfasis en cultivar el desarrollo espiritual. Por mucho tiempo he admirado a los consejeros y obreros de los campamentos que hacen que estos lugares renazcan año tras año. Ellos trabajan incansablemente, todos los días en el sofocante verano. Y por cierto, lo hacen solo por amor. Yo sé que no lo hacen por dinero.

Esa es la razón por la que un verano me sentí intrigada cuando fui a visitar a una pareja que había trabajado en uno de esos campamentos por más de una década. Su casa era impresionante. Tenía hermosos detalles arquitectónicos, cuartos espaciosos, estaba a orillas de un plácido y hermoso lago. Sin lugar a dudas era una casa muy valiosa y hermosa.

Pero...

Ellos habían visto esa expresión en mí muchas veces antes y sabían lo que estaba pensando. Me dijeron que yo tenía razón: el salario que recibían en el campamento que tanto amaban no era suficiente, nunca lo sería, para mantener esta casa dentro de su presupuesto. Pero de todos modos la pudieron comprar. ¿Cómo? Porque uno de sus padres les había dejado una buena herencia. Así que aunque ellos dedicaban su tiempo y energías a su trabajo, podían vivir de una manera que estaba más allá de sus límites. No vivían a expensas del modesto salario que recibían; vivían por la herencia que habían recibido, que fue un regalo de alguien que los amaba.

¿Qué cambiarías en tu vida si recibieras una herencia muy grande en las próximas 24 horas?

En Él asimismo tuvimos herencia, habiendo sido predestinados conforme al propósito del que hace todas las cosas según el designio de su voluntad, a fin de que seamos para alabanza de su gloria, nosotros los que primeramente esperábamos en Cristo (Efesios1:11-12).

Lee Efesios 1:11-12 en el margen. Subraya las palabras y frases que llaman la atención.
De acuerdo a este versículo:
• ¿Qué hemos recibido?

• ¿Cómo hemos llegado a ser los destinatarios de la misma?

• ¿Cuál es el resultado de tenerla?

¿Qué cambiaría en tu situación mental, emocional o espiritual si descubrieras que tienes una gran herencia espiritual que te pertenece?

UN HEREDERO DE DIOS

Cuando el apóstol Pablo inició su carta a los Efesios, pasó la mayor parte de la primera sección recalcando los grandes beneficios que son inherentes a la salvación. Pero las profundidades del amor de Dios al elegirnos y adoptarnos, otorgándonos Su gracia y redimiéndonos, son solamente el principio de lo que nuestra relación con Cristo ofrece. También recibimos una vasta herencia, abundante y sin límites, que no ganamos ni merecemos. Pablo quería asegurarse que no nos olvidáramos de ella. Porque si lo hacemos, entonces viviremos un estilo de vida muy por debajo de lo que podemos vivir. Viviríamos dentro de las restricciones de nuestros recursos terrenales en lugar de aprovechar todas las riquezas de nuestro Padre.

En Profundizando V busca tu herencia e identidad en Cristo (página 178). Léela. Practícala. Disfrútala.

Coloca un asterisco al lado de tres de las Escrituras del artículo "Profundizando V", que aparece en la página 178, que te digan algo en este momento de tu vida.

Vivir a la luz de esta herencia de salvación te ayuda no solo a dejar de vivir por debajo del nivel espiritual de tu vida, sino que también protege tu mente de los intentos del enemigo de paralizar tu pensamiento, para convencerte de que eres menos de lo que realmente eres. El efecto dominó de esta protección producirá un cambio en tu actitud, estilo de vida y en las decisiones que tomas. Todo eso va a estar basado en tu rica herencia espiritual. Esta nueva manera de ver las cosas comenzará a alterar el resultado de tus batallas con el enemigo, desviando sus intentos de impedir que alcances tu destino.

Romanos 8:17 repite el principio de la herencia y tu relación con Él. Busca este pasaje en la Biblia y escríbelo palabra por palabra en el espacio adecuado.

Considera la frase "herederos de Dios" en Romanos 8:17. ¿Cuál debe ser tu perspectiva acerca de la calidad y la cantidad de esta herencia que has recibido, dado que tu benefactor es Dios?

PONTE ESE CASCO

El yelmo [casco] del soldado romano era básicamente un gorro de hierro, comúnmente cubierto de bronce. Su función principal era proteger al cráneo y al cerebro de los golpes de la "espada", que tenía de tres a cuatro pies de largo con una enorme empuñadura que requería el uso las dos manos para alcanzar a su objetivo. Un golpe estratégico podía destrozar por completo el cráneo del soldado, incapacitándolo en menos de un segundo.

El yelmo del legionario romano se llamaba *galea*.[2]

Con el tiempo, el yelmo del soldado fue rediseñado para que ofreciera más protección. Le agregaron partes, incluyendo un protector para el cuello y uno para las mejillas. No solamente protegía la cabeza sino también el cuello y los hombros.[3] "Cuando el yelmo estaba en su lugar, no dejaba nada desprotegido a no ser los ojos, la nariz y la boca".[4]

Cubertura completa. Debe ponerse atado a una de las partes más vitales de la vida espiritual del creyente. Este yelmo [casco] de la salvación, colocada con un perfecto ajuste, es representativo de los elementos de gran valor que son nuestros "en Él", nuestra herencia en Cristo. Si decidimos no usarlo dejamos nuestra mente expuesta, desprotegida, como las personas que no poseen su propio yelmo.

En los versículos siguientes, ¿qué importancia tiene la mente del creyente en su habilidad de funcionar saludable y victoriosamente?

Isaías 26:3-4   1 Corintios 14:20   1 Pedro 1:13-16
Romanos 8:6-7   Hebreos 8:10

Teniendo en cuenta el cerebro nos puede ayudar a explicar la importancia y función de la mente. El papel importante que juega el cerebro, es muy difícil de entender. Cada función de tu cuerpo, ya sea el movimiento de tu dedo meñique, manejar un automóvil o correr en un maratón, se ajusta a las señales e impulsos que envía tu cerebro. Si tu cerebro está deteriorado, todo tu cuerpo estará afectado, no importa lo saludables que estén las otras partes de tu cuerpo.

Lo que el cerebro es para el cuerpo, tu mente lo es para tu alma. Esa es la expresión espiritual de tu cerebro. El centro de control. Si tu mente no envía impulsos saludables, tu alma no puede responder de manera saludable. Es por eso que el enemigo trabaja con diligencia para paralizarte mediante pensamientos negativos y patrones de imaginación enfermizos.

Recuerda y escribe las cuatro partes que integran al alma humana (Si lo necesitas como referencia está en la página 71).

1.

2.

3.

4.

Observa el gráfico que sigue y expone algunos de los ataques más comunes de Satanás contra la mente de los cristianos. Al lado de cada uno, escribe una o dos palabras que describan los efectos negativos, emocionales y de comportamiento que alguien puede experimentar como resultado de alimentar esos pensamientos.

PENSAMIENTO	SENTIMIENTO	ACCIÓN
Soy indigno		
Nadie me ama		
No puedo hacer nada		
Soy despreciable		
Soy imperdonable		
Soy desconocido		
Mi vida es insignificante		
Soy un error		
Puedo perder mi salvación		
Otro		

¿Cuál de estos pensamientos describe mejor algo con lo que hayas estado batallando?

¿Luchas con una vida de fantasías descontrolada? Describe esos pensamientos.

¿Cómo se reflejan en tu salud emocional y en tus acciones las influencias del enemigo sobre tus pensamientos?

El hombre bueno, del buen tesoro de su corazón saca lo bueno; y el hombre malo, del mal tesoro de su corazón saca lo malo; porque de la abundancia del corazón habla la boca (Lucas 6:45).

Tu salud mental tiene que ver con tu habilidad en general para funcionar adecuadamente, tanto emocionalmente como en tu comportamiento. Si tus pensamientos son enfermizos y nocivos, tus emociones y acciones los van a poner al descubierto.

Como si no fuera suficiente, los pensamientos venenosos también paralizan tu habilidad de detectar claramente el liderazgo del Espíritu de Dios. Como un heredero, tú estás diseñado para conocer y discernir Su voluntad y para escuchar Su voz guiándote. Pero cuando tu mente no está pensando como alguien que lleva puesta la salvación, tu conciencia (que es parte de tu alma) falla al no cambiar de dirección siguiendo la convicción del Espíritu Santo. Las mentiras del enemigo, cuando las crees, distorsionan tu habilidad para escuchar la voz de Dios y responder adecuadamente.

Pero tú eres un heredero, ¿de acuerdo? No necesitas vivir con una perspectiva limitada de escasez y faltas, desprotegido, sin escudo y vulnerable a un ataque. Tu herencia, es grande, rica, robusta y suficiente, y te fue dada por Alguien que murió en tu nombre hace 2,000 años. Así que mientras continúas con tu trabajo regular, en tu vida regular, con tus circunstancias regulares, no tienes que estar sujeto a tus limitaciones. Tu vida debe reflejar tu verdadera herencia, lo que te permitirá vivir una vida espiritual de abundancia y de gracia. Es un yelmo [casco] de protección para tu cabeza, para tu mente. Póntelo e inmediatamente comenzarás a ver un aumento en el nivel de vida.

INFORMACIÓN TÁCTICA...

DÍA 3

EL PAQUETE DE BENEFICIOS

Al principio del estudio mencioné que los soldados romanos del tiempo de Pablo necesitaban comprar su propio equipo. No fue hasta mucho más tarde que tuvieron uniformes dados por el Imperio. Solamente aquellos que eran pudientes como para comprar su propio casco tenían la protección que proveía esta importante pieza de la armadura. Así que los pobres iban a la batalla desprotegidos. Su casco, a diferencia del nuestro, no era gratis.

¿Qué adjetivo usarías para expresar cómo se sentía un soldado cuando tenía que ir a la batalla sin el casco?

Porque por gracia sois salvos por medio de la fe; y esto no de vosotros, pues es don de Dios (Efesios 2:8).

Tener un casco crea confianza. Da la seguridad de la protección en medio de una batalla reñida. La buena noticia para nosotros es que nunca tenemos una razón para no tenerlo. El precio de nuestro yelmo fue pagado por completo por nuestro Salvador. ¡Qué pena si alguna vez vamos a la batalla sin aprovechar esto, y el paquete de beneficios que incluye!

A continuación hay una lista de pensamientos negativos y nocivos que comenzamos a considerar en el día 2. Busca Efesios 1:4-14 y 2:1-10 donde Pablo describe los beneficios de nuestra salvación. Busca en estos versículos las verdades que refutan cada una de las mentiras del enemigo. Escribe algunas de las palabras clave a su lado en el espacio adecuado. Te di un ejemplo. Dicho sea de paso, una verdad puede aplicarse a varios de estos pensamientos.

MENTIRAS	VERDADES
Soy indigno.	Santos. Sin mancha (1:4).
Nadie me ama.	
No puedo hacerlo.	
Soy despreciable.	
Soy imperdonable.	
Soy desconocido.	
Mi vida es insignificante.	
Soy un error.	
Puedo perder mi salvación.	

Usa las páginas perforadas al final del libro para escribir los versículos que de manera especial te hablan a ti. Colócalos en un lugar donde los puedas ver y leer en alta voz con frecuencia. Al hacer esto, te estás poniendo el casco de la salvación.

Esta lista increíble de lo que tiene el paquete de beneficios de tu salvación es una muestra breve de un capítulo, de un libro de la Biblia, una pequeña bendición de Dios, derramada todas las mañanas, cada mañana, cada vez que te levantas; con un día con pronóstico de nublados. La totalidad de nuestra herencia habla a cada zona de tu mente a las que el enemigo ataca con sus mentiras y decepciones. Practicarla te ayudará a renovar tu mente y a cultivar la salud mental y emocional que necesitas para tomar las decisiones correctas y vivir de una manera que sea agradable al Señor.

DESPUÉS DE TODO

En el mensaje en el video para esta semana, menciono a una amiga mía llamada Dra. Caroline Leaf que estudia la plasticidad neuronal. Como una creyente firme, ella trata de ayudar al pueblo de Dios a entender los efectos de los pensamientos nocivos en el estado general, y cómo el someter esos patrones de pensamiento a Cristo puede crear un efecto sorprendente. Estoy muy agradecida a las personas que como ella, pueden analizar conceptos extremadamente difíciles y separarlos en pequeños segmentos que son más fáciles de entender para las personas con pocos conocimientos científicos (por ejemplo, como yo). Por eso es que me sorprendí cuando me dijo que yo, que soy una chica muy mala en matemáticas y ciencias, soy una especialista en plasticidad neuronal.

Por definición, la plasticidad *neuronal* es la habilidad del cerebro de reorganizarse a sí mismo formando nuevos enlaces neuronales.

Espera unos minutos y déjame que te explique.

Aunque tendemos a considerar nuestros pensamientos como inmateriales y abstractos, la Dra. Leaf puede probar por medio de décadas de investigación, que en verdad son muy reales y tienen efectos medibles, en nuestro cerebro y en nuestros cuerpos. El enemigo sabe eso. Él está completamente informado del poder de tus pensamientos sobre la calidad de tu vida. Escucha la explicación de la doctora. Ella dice que "nuestros pensamientos ocupan un 'inmueble mental'. Los pensamientos son activos; crecen y cambian. Cada vez que tienes un pensamiento, tu cerebro y tu cuerpo están activamente cambiando, para bien o para mal."[5]

¿Te enteraste? Para bien o para mal. Tienes la posibilidad de determinar hacia qué lado se va a mover la escala. De esta manera:

Busca 2 Corintios 10:4-5 y completa los espacios.
Porque _____ de nuestra milicia no son carnales, sino
poderosas en Dios para la destrucción de _____ , _____
argumentos y toda altivez que se levanta contra el conocimiento de Dios, y
_____ _____ _____ _____ ta la obediencia a Cristo.

Si estás pensando leer o no una novela y estas palabras son parte del resumen en la cubierta posterior, ¿qué tipo de libro te parece que es? ¿Qué adjetivos usarías para describir el libro a un amigo?

Ahora busca Romanos 12:2 y completa los espacios.
No os conforméis a este siglo, sino _____ por medio de la
_____ de vuestro entendimiento, para que _____
cuál sea la buena voluntad de Dios, agradable y perfecta.

Estos dos pasajes son el plan de batalla para nuestra defensa, contra los intentos del enemigo de infiltrarse en nuestras mentes. Ellos nos dicen cómo transformar nuestros pensamientos y ponernos el casco de la salvación. Creo que puedo reducir la misión a tres objetivos principales:

PASO #1. IDENTIFICAR los patrones de pensamientos nocivos que has estado amamantando (comenzaste este proceso esta semana) y reconócelos por lo que realmente son, verdaderos baluartes que levantaste dentro de tu mente con la ayuda del enemigo.

En este primer paso, podemos escuchar señales claras del entorno de la batalla que se lleva a cabo, en la lucha por nuestras mentes. Un baluarte en los tiempos bíblicos era una fortaleza militar. En la antigüedad, casi todas las ciudades tenían una. Se levantaba en el lugar más alto de la zona para que pudiera ser vista por todos. Estaba hecha para bloquear e impedir la entrada de los invasores.

¿Qué pensamientos negativos sobre Dios y Su verdad en tu vida, fueron elevados al "punto más elevado" de tu mente?

De acuerdo a 2 Corintios 10:4-5 ¿cuáles son las cosas que los bastiones deben "bloquear para impedir su entrada"?

¿En particular, de qué manera viste que esto era real en tu propia experiencia?

El enemigo no puede obligarnos a hacer nada. Él solo puede guiarnos a hacer cosas.
Beth Moore [6]

PASO #2. CONFESAR el proceso de los pensamientos erráticos a Dios y ponerte de acuerdo con Él en cuanto a tu responsabilidad de ayudar a levantar esas fortificaciones en tu vida.

Nuestras fortificaciones no son todas por culpa del enemigo. Cada vez que alimentamos y ensayamos un pensamiento ilegítimo, estamos agregando otro ladrillo a la construcción de una fortaleza. Ya sea que esos pensamientos se relacionen con las dudas, el miedo, la inseguridad, una fantasía obscena o algo completamente diferente, ensayar las mentiras que el enemigo nos ha hecho creer, es en esencia, estar de acuerdo con él en construir una fortaleza que nos mantiene cautivos.

¿Cómo has cooperado con el enemigo en levantar esas fortalezas?

Trata de describir tu indignación al darte cuenta que estuviste trabajando con él, en algunos de los mismos proyectos, en el mismo lugar de construcción.

PASO #3. DESMANTELAR la fortaleza tomando tus pensamientos cautivos, renovando luego tu perspectiva y entendiendo mediante la aplicación deliberada y concentrada de la verdad de Dios.

Esta no es una tarea pasiva. Requiere planificación y ser proactivos. Si quieres destruir a una fortaleza, necesitas usar la misma pasión y estrategia que pones en un nuevo plan de ejercicios o en alcanzar un objetivo financiero. Recuerda que estamos hablando de una fortaleza militar, no una cabaña endeble. Para destruirla se requiere fuerza y poder, del tipo que solamente se consigue al usar las armas con el poder divino, o sea, la Palabra de Dios.

Cuando Pablo dice: "llevando cautivo todo pensamiento" (v. 5), utiliza un tono que expresa una acción continua. Así que debemos entender que ser victoriosos en este esfuerzo no será un evento de un día sino de toda la vida. Llevar todo pensamiento cautivo significa controlarlos en lugar de dejarlos que ellos te controlen. Significa reemplazar el pensamiento del enemigo con el pensamiento de Dios, en cada oportunidad. Cuando las mentiras del enemigo entran, inmediatamente considéralas a la luz del paquete de beneficios de tu herencia de salvación que te fue dado gratuitamente. Resiste el impulso de estar de acuerdo con un pensamiento negativo o de practicarlo. En cambio, reemplázalo, repetidamente, diligentemente y verbalmente, hasta que eventualmente, los ladrillos de nuestras fortalezas comiencen a derrumbarse.

Escúchame bien, se derrumbarán. No importa cuánto tiempo lleven o qué difícil haya sido este recorrido para ti. Tu vigilancia en esta área de tu vida valdrá la pena, porque Dios mismo te dará el triunfo.

¿De qué manera práctica, sería tu vida diferente, si esas fortalezas fueran derrumbadas y reemplazadas con vitalidad e integridad? ¿Cómo afectaría este cambio de mentalidad a tus seres queridos?

Los efectos de este compromiso no solamente los sentirás en tu vida espiritual. También te beneficiarán en otras áreas. Porque, escucha esto, la neurociencia está alcanzando a la Biblia, descubriendo (claro está) que Dios siempre ha tenido la razón. De acuerdo con la Dra. Leaf, cuando controlamos nuestros pensamientos, en nuestro cerebro se forman nuevas conexiones neuronales y se forman vías visibles y medibles, que afectan la salud y el bienestar de nuestros cuerpos. En otras palabras, cuando "llevamos cautivo todo pensamiento", literalmente estamos renovando y restaurando nuestras mentes de un estado insalubre y deteriorado a un estado de bienestar y fuerza en Dios. Usar nuestro paquete de beneficios espirituales no solamente nos protege de caer presa de las decepciones del enemigo, sino que también restaura el daño que previamente sufrimos. Cuando empleamos diligente y activamente nuestra herencia espiritual, literalmente estamos cambiando nuestras mentes, renovándolas y reconectándolas por la Palabra de Dios.

La verdad de Dios es así de poderosa, viva, activa y más afilada que una espada de dos filos.

Por lo demás, hermanos, todo lo que es verdadero, todo lo honesto, todo lo justo, todo lo puro, todo lo amable, todo lo que es de buen nombre; si hay virtud alguna, si algo digno de alabanza, en esto pensad (Filipenses 4:8).

INFORMACIÓN TÁCTICA...

DÍA 4

IDENTIDAD EQUIVOCADA

Era una escena trágica. Abby, una estudiante del segundo año en la universidad, de diecinueve años de edad, estaba regresando a su casa con cuatro amigas durante las vacaciones de primavera, después de haber disfrutado unos días en Disneyland cuando uno de los neumáticos del SUV en el que viajaban se reventó provocando un accidente fatal. Dos de las chicas fueron lanzadas fuera del auto y murieron en el acto. Una de ellas fue identificada como Abby.

Cuando la noticia llegó a las familias en Arizona, dos chicas muertas y tres heridas de gravedad, la preocupación normal de los padres por un viaje por carretera de un grupo de estudiantes universitarios, se transformó en un dolor terrible. Los padres de Abby pasaron los próximos días entre el shock y el horror, planeando los detalles del funeral de su hija mientras que otros padres oraban por la recuperación de sus hijas, que resultaba difícil reconocer en el hospital debido a los moretones y la inflamación.

Sin embargo, el sábado, seis días después del accidente, los empleados del hospital informaron a dos de las familias que habían cometido un terrible error. Dos de las chicas, que se parecían mucho, habían sido mal identificadas. Los padres que habían estado sentados al lado de la joven que creían que era su hija, recibieron una noticia asombrosa: esa no era su hija. Su hija había muerto en el accidente. ¿Los padres de Abby? Bueno, ellos recibieron una noticia que nunca imaginaron que pudieran recibir.

Abby no estaba muerta. ¡Estaba viva!

El choque inicial de lo que estaban escuchando se transformó en incredulidad. La incredulidad se transformó en gozo, Pero el gozo estaba mezclado también con la rabia, una gran ira porque los habían forzado a vivir durante seis días en una agonía porque la realidad no era cierta, habían experimentado un dolor que no necesitaban sentir.[7]

Todo se reducía a un caso de identidad equivocada.

El enemigo quiere que sufras un caso de identidad equivocada. Esto hace que su trabajo sea mucho más fácil para él. Y hace que nuestras defensas sean mucho más débiles.

Él está trabajando horas extras para ocultar a tu identidad en Cristo, para impedir que salga la verdad: que tú estás vivo y libre, facultado por el propio Espíritu Santo para luchar en su contra. Él prefiere conspirar para mantenerte constantemente afligido por lo que tú deseas ser, en lugar de disfrutar lo que eres. Él quiere que estés paralizado por la inseguridad y las dudas. Sin vida. En estado de coma.

Pero su reino de terror no existe ya en nuestras vidas. Porque ahora sabemos la verdad. Dios "nos dio vida juntamente con Cristo" [...] "y juntamente con él nos resucitó, y asimismo nos hizo sentar en los lugares celestiales con Cristo Jesús" (Efesios 2:5-6). Nos pondremos nuestros cascos y estaremos firmes en contra de los ataques del enemigo.

IDENTIDAD REVELADA

David, bajo la dirección del Espíritu Santo, escribió estas hermosas palabras que revelan la verdad de lo que realmente somos. Lee el pasaje a continuación:

Oh Jehová, *tú me has examinado y conocido*. Tú has conocido mi sentarme y mi levantarme; Has entendido desde lejos mis pensamientos. Has escudriñado mi andar y mi reposo. *Y todos mis caminos te son conocido*. Pues aún no está la palabra en mi lengua, Y he aquí, oh Jehová, tú la sabes toda. Detrás y delante me rodeaste, Y sobre mí pusiste tu mano. Tal conocimiento es demasiado maravilloso para mí; Alto es, no lo puedo comprender [...] Porque *Tú formaste mis entrañas; Tú me hiciste en el vientre de mi madre.* Te alabaré; porque formidables, maravillosas son tus obras; Estoy maravillado, Y mi alma lo sabe muy bien. *No fue encubierto de ti mi cuerpo*, Bien que en oculto fui formado, Y entretejido en lo más profundo de la tierra. Mi embrión vieron tus ojos, *Y en tu libro estaban escritas todas aquellas cosas Que fueron luego formadas, Sin faltar una de ellas.* ¡Cuán preciosos me son, oh Dios, tus pensamientos! ¡Cuán grande es la suma de ellos! (Salmos 139:1-6,13-17).

Considera cada porción resaltada en el párrafo anterior. Elije las dos que te hablen a ti y escríbelas a continuación:

¿Por qué estas dos porciones son las que tienen un mayor significado para ti?

Escribe una lista de cómo estas verdades contradicen todo lo que otra gente te puede haber dicho durante toda tu vida.

Piensa en el tiempo y la atención a los detalles que Dios usó para crearte por dentro y por fuera. Considera el hecho de que Él te ha buscado, conoce tus pensamientos más profundos y considera que vales la pena, que eres precioso y valioso. Estas son el tipo de verdades que el enemigo no quiere que creas. Él usa cada oportunidad que se le presenta para hacerte creer que es un mito, que tú eres un error, que has fracasado terriblemente, que no mereces ser amado, que no eres capaz de hacer algo, que no eres aceptado ni realmente perdonado. Entonces, por un segundo, olvídate de ser el personaje de Proverbios 31 ¿Qué te parece ser la persona de Salmos 139 y de Efesios 1?

¿Recuerdas la lista de los "beneficios" de tu herencia de salvación que estudiamos ayer? Determina cuáles de las porciones del salmo de David corresponden a cada una de ellas:
Soy indigno.

Nadie me ama.

No puedo hacerlo.

Soy despreciable.

Soy imperdonable.

Soy un desconocido.

Mi vida es insignificante.

Soy un error.

Puedo perder mi salvación.

Desde el Antiguo hasta el Nuevo Testamento, las Escrituras enfatizan la importancia y el valor colocado en ti como un ser humano. Mejor aún, como un hijo adoptado en la familia de Dios, fuiste creado como una obra de arte por Cristo, preparado para las buenas obras para darle gloria a Él (ver Efesios 2:10).

Los ataques del enemigo siempre retan esta línea de pensamiento, revolviendo las inseguridades que engendran los comportamientos destructivos que están fuera de la voluntad de Dios.

No te pierdas algo importante. ¿Notaste que el paquete de beneficios de la salvación mencionado en Efesios 2 es básicamente un recuento de quién eres como hijo de Dios? Esa es tu identidad espiritual. Esto te dice que tu identidad en Cristo es tu herencia. Y dado que ya establecimos que caminar con nuestra herencia es el casco [yelmo] de la salvación, entonces usarlo es en realidad ponerte tu identidad en Cristo, renovando tu mente de acuerdo con eso y después adaptando tu comportamiento para alinearlo con eso. Observa esta ecuación:

Identidad en Cristo = Herencia de salvación = El casco de la salvación.

¿Qué revela esta ecuación sobre los ataques que el enemigo hace sobre tu identidad, sobre quién eres en Cristo?

Ahora recuerda el principio de este estudio cuando escribiste la persona o circunstancia con la que tienes dificultades en la actualidad. ¿Recuerdas? En el óvalo de la página 11 (han pasado seis semanas, así que puedes cambiarlo o revisarlo si necesitas). ¿Cuáles son las mentiras que el enemigo ha usado en esta circunstancia para atacarte?

¿Cómo puede ayudar el estar firme en tu identidad espiritual a desviar los atentados del enemigo y controlar tus reacciones y respuestas a esa circunstancia o persona?

Tu identidad es tu arsenal. Ponerte el casco de la salvación es saber quién eres en Cristo, fortaleciendo tu pensamiento y viviendo de una manera que es congruente con ello. Cuando haces esto, destruyes las fortalezas enemigas y también accedes al poder para desviar futuros ataques.

ESTO SIGNIFICA GUERRA

Renovar nuestras mentes y desviar los avances del enemigo para controlarlas no es apto para cardíacos. Requiere vigilancia. Atención agresiva y pro-activa.

Conozco una mujer que ha tomado el concepto de usar el casco muy seriamente. Es una madre muy ocupada con cinco niños. Como si esto fuera poco, ella dirige el ministerio de mujeres en nuestra iglesia. Creo que nunca conocí a otra mujer con un horario tan ocupado. Ella es como el conejito de las baterías "Energizer" del famoso anuncio: ella sigue andando y nunca se detiene. Esa fue la razón por la que estaba intrigada un día cuando subí a su auto y vi un pequeño gancho en el tablero de instrumentos. Sostenía una tarjeta donde había escrito un versículo bíblico. Solo uno.

Cuando le pregunté por la tarjetica, me explicó que ya que pasa tanto tiempo afuera llevando los hijos de un lado a otro, decidió poner un versículo en su parabrisas cada siete días. De esa manera, todo el día, cuando lo ve, <u>le recuerda</u> una verdad y la anima a ponerla en práctica en su vida.

Poned la mira en las cosas de arriba, no en las de la tierra. Porque habéis muerto, y vuestra vida está escondida con Cristo en Dios (Colosenses 3:2-3).

Pero es todavía mejor. Hacia el final de la semana, pudo compartir conmigo que no solamente memorizaba el versículo, sino que lo relacionaba con varias situaciones en las que el versículo cobraba vida para ella, ayudándola en sus decisiones, renovando su mente, cambiando su perspectiva, reorientando sus respuestas y acciones y ayudándola a escuchar la guía de Dios en algunas situaciones específicas que ocurrían durante la semana. Me explicó que cuando se le infiltraban pensamientos contrarios a la verdad de ese versículo, se concentraba en la tarjeta y la leía en voz alta. No usaba su ocupado horario como una excusa para no ponerse el casco. Ella quería estar segura de que estaba alerta y preparada para los ataques del enemigo.

El hecho es, que cuando estas en guerra, tú no aflojas tu determinación ni te retiras de la batalla. No tomas vacaciones. En cambio, haces lo que tienes que hacer para mantener el casco puesto y en la posición correcta durante todo el día, todos los días. "Y las repetirás a tus hijos, y hablarás de ellas estando en tu casa, y andando por el camino, y al acostarte, y cuando te levantes. Y las atarás como una señal en tu mano, y estarán como frontales entre tus ojos; y las escribirás en los postes de tu casa, y en tus puertas" (Deuteronomio 6:7-9). O incluso en el tablero de instrumentos de tu auto.

¿Cuáles son algunos sitios estratégicos en los que puedes poner estas verdades para tenerlas a mano durante el día? ¿Quizás en los mismos lugares donde pusiste tus oraciones?

Quizás un buen lugar para empezar es con la identidad en Cristo (pp.

178-179) que ya te di. Cópiala, sácala del libro de trabajo, haz lo que sea necesario para ponerla en el frente y en el centro de tu vida. Es un tesoro bíblico para la renovación de la mente, la destrucción de las fortalezas enemigas y la transformación interior. Léela y vuelve a leerla nuevamente hasta que eche raíces y te sirva como un casco de protección sobre tu mente.

Hay una guerra furiosa. No te quepan dudas. Y nunca te vayas a confundir con una identidad equivocada.

Sed sobrios, y velad; porque vuestro adversario el diablo, como león rugiente, anda alrededor buscando a quien devorar (1 Pedro 5:8).

INFORMACIÓN TÁCTICA...

SESIÓN DE ESTRATEGIA

Hoy tengo algo personal para compartir contigo antes que comiences a crear tu estrategia de oración. Pero primero contesta esta pregunta:

Si descubriste pensamientos negativos en tu vida esta semana, ¿puedes ubicar específicamente qué pasó que pudo haberle dado una oportunidad al enemigo para que los produjera? Si te sientes cómodo, prepárate para compartir esto con alguien en tu grupo o con alguien que tengas confianza.

Yo pasé por años difíciles en la secundaria. Por fuera, no se notaba. Mis notas eran bastante buenas y yo era muy activa y simpática, era raro que mostrara mis verdaderos sentimientos para que otros los vieran (lo cual probablemente empeoraba la situación). Pero en general, solamente un pequeño grupo de amigos me aceptaba, por lo que les estoy eternamente agradecida. Sin embargo, otros dos grupos con los que tenía relaciones en los deportes y en otras actividades, nunca me aceptaron como parte de ellos. Cuando trataba de integrarme a un grupo, me daban de lado. Cuando trataba de unirme a otro, hacían lo mismo. Los sentimientos de rechazo se arraigaron muy profundamente en mi corazón.

¿Alguna vez te sentiste así? (Encierra en un círculo la que corresponda):
• Subestimado por tus compañeros
• Ignorado por tus padres
• Traicionado por un amigo
• Intimidado por el "chico malo"
• Burlado por un grupo de estudiantes
• Maltratado por alguien en quien confiaste
• Herido por una mujer
• Paralizado por el dolor de la pérdida de un ser querido
• Alguna otra cosa similar que fuera perturbadora

El enemigo va a unir sus mentiras de estas experiencias negativas al borde de tu ropa y las va a enviar al mismo centro de tu mente. Una vez que te hacen o dicen algo que te hiere, aun si es sin intención, el enemigo tomará ventaja de la oportunidad y comenzará a desparramar mentiras sobre quién eres y acerca de tu esperanza en Cristo, usando ese hecho como un punto de partida.

En mi caso, por ejemplo, el enemigo me hizo creer que yo no era aceptada por ciertos grupos por este motivo: porque yo era inaceptable. El enemigo se aprovechó de esto el resto de mis años en la escuela secundaria y en la universidad, haciéndome sentir constantemente la necesidad de probar que yo valía, con la esperanza de que otros me aceptaran en su grupo. Vivir de esa manera es muy agotador. No fue hasta que pasé los veinte años que me di cuenta de este comportamiento y pude ver claramente por qué me comportaba así.

Desde entonces, decidí estar atenta todos los días y defender mi mente, recordando mi herencia espiritual, cada vez que puedo. Y porque estoy consciente de esta fuente productiva de materiales para la construcción de fortalezas, me he propuesto no decir o hacer algo que nazca de la inseguridad. Por ejemplo, antes de aceptar una invitación a una fiesta, responder a un tweet, unirme a una organización o agregar un comentario en una conversación, me detengo y considero la motivación detrás de eso: ¿Estoy haciendo esto porque necesito la aprobación de una persona o de un grupo de gente? ¿O lo estoy haciendo desde mi postura de valor y mérito en Cristo? Quiero entrenarme y disciplinarme para aplacar los viejos sentimientos que el enemigo trae del pasado. Este ejercicio pone en claro cuántas cosas digo y hago primordialmente para acomodar las inseguridades en lugar de descansar en lo que valgo como hija de Dios.

¿Por qué no tratas de hacer esto y ver lo que descubres?

Durante los próximos siete días, trata de no decir o hacer algo en respuesta a tus sentimientos de inseguridad, miedo, o cualquier cosa que no esté alineada con tu verdadera identidad en Cristo. Te sorprenderá lo callado que puedes estar.

Pero hoy, reúne tu información táctica y confecciona una estrategia de oración para que el enemigo entienda que estás firme en tus convicciones. Sé específico y honesto. Que tu oración resuene con las promesas de Dios sobre tu vida. Después escríbelas y ora en alta voz todas las veces que puedas.

El enemigo no podrá vencer frente a una persona que ora como tú.

"NUESTRAS NECESIDADES DE ORACIÓN TIENEN QUE ESTAR MOLDEADAS POR UNA ENERGÍA QUE NUNCA SE CANSA, UNA PERSISTENCIA QUE NUNCA DEJA DE SER, Y UN VALOR QUE NUNCA FALLA".

E.M. BOUNDS

MI HERENCIA E IDENTIDAD EN CRISTO

Los beneficios y bendiciones que tenemos como hijos redimidos de Dios son más numerosos de lo que podemos pensar. La siguiente lista, sacada de las Escrituras, es un ejemplo impresionante. No recuerdo dónde la encontré o quién me la dio. La he tenido por muchos años entre mis notas de estudio. Solo sé que me encanta y que la quiero compartir contigo, esperando que te dé mucha confianza y aliento en Cristo:

- Soy un hijo de Dios (Juan 1:12).

- Tengo paz con Dios (Romanos 5:1).

- El Espíritu Santo vive en mí (1 Corintios 3:16).

- Tengo acceso a la sabiduría de Dios (Santiago 1:5).

- Dios me ayuda (Hebreos 4:16).

- Estoy reconciliado con Dios (Romanos 5:11).

- Dios no me condena (Romanos 8:1).

- Estoy justificado (Romanos 5:1).

- Tengo la justicia de Cristo (Romanos 5:19; 2 Corintios 5:21).

- Soy un embajador de Cristo (2 Corintios 5:20).

- Estoy perdonado por completo (Colosenses 1:14).

- Dios me ama tiernamente (Jeremías 31:3).

- Para Dios soy la dulce fragancia de Cristo (2 Corintios 2:15).

- Soy el templo donde mora Dios (2 Corintios 3:16).

- Estoy sin mancha e irreprensibles (Colosenses 1:22).

- Yo soy la sal de la tierra (Mateo 5:13).

- Yo soy la luz del mundo (Mateo 5:14).

- Yo soy un pámpano en la vid de Cristo (Juan 15:1,5).

- Soy amigo de Cristo (Juan 15:15).

- Fui elegido por Cristo para dar fruto (Juan 15:16).

- Soy coheredero con Cristo, compartiendo su herencia con Él (Romanos 8:17).

- Estoy unido al Señor, un espíritu con Él (1 Corintios 6:17).

- Soy miembro del cuerpo de Cristo (1 Corintios 12:27).

- Soy un santo (Efesios 1:1).

- Mi vida está escondida con Cristo en Dios (Colosenses 3:3).

- Soy escogido por Dios, santo y muy amado (Colosenses 3:12).

- Soy un hijo de luz (1 Tesalonicenses 5:5).

- Soy santo y participante del llamamiento celestial (Hebreos 3:1).

- Yo estoy santificado (Hebreos 2:11).

- Soy una de las piedras vivas de Dios, edificado como casa espiritual por medio de Cristo (1 Pedro 2:5).

- Soy miembro de un linaje escogido, real sacerdocio, nación santa, un pueblo adquirido por Dios y creado para cantar Sus alabanzas (1 Pedro 2:9-10).

- Estoy arraigado y edificado en Cristo (Colosenses 2:7).

- Soy nacido de Dios y el diablo no me puede tocar (1 Juan 5:18).

- Tengo la mente de Cristo (1 Corintios 2:16).

- Puedo acceder a Dios con seguridad y confianza (Efesios 3:12).

- Fui rescatado del poder de Satanás y transferido al reino de Cristo (Colosenses 1:13).

- He sido hecho completo en Cristo (Colosenses 2:10).

- Se me ha otorgado el espíritu de poder, amor y dominio propio (2 Timoteo 1:7).

- Dios me han dado grandes y preciosas promesas (2 Pedro 1:4).

- Dios suple todas mis necesidades (Filipenses 4:19).

- Soy un príncipe (o princesa) en el reino de Dios (Juan 1:12; 1 Timoteo 6:15).

- Fui comprado por un precio y pertenezco a Dios (1 Corintios 6:19,20).

- Fui adoptado como hijo de Dios (Efesios 1:5).

- Tengo acceso directo a Dios por medio del Espíritu Santo (Efesios 2:18).

- Estoy seguro que todas las cosas ayudan a bien (Romanos 8:28).

- Estoy libre de cualquier sentencia condenatoria contra mí (Romanos 8:31).

- No puedo ser separado del amor de Dios (Romanos 8:35).

- Dios me ha ungido, establecido y sellado (2 Corintios 1:21-22).

- Estoy seguro que Dios perfeccionará la obra que comenzó en mí (Filipenses 1:6).

- Soy un ciudadano del cielo (Filipenses 3:20).

- Soy un testigo personal de Cristo (Hechos 1:8).

- Soy un colaborador de Dios (2 Corintios 6:1; 1Corintios 3:9).

- Estoy sentado con Cristo en los lugares celestiales (Efesios 2:6).

- Soy hechura de Dios (Efesios 2:10).

- Puedo hacer todas las cosas por medio de Cristo que me da la fuerza que necesito (Filipenses 4:13).

7

SEMANA 7

LA ESPADA DEL ESPÍRITU

La espada del Espíritu es singular porque:

1. Es la _____ pieza de la armadura que Pablo _____ en Efesios 6.

2. Es la única arma _____.

Pablo nos dice que para resistir los ataques del enemigo, no siempre debemos estar a la _____.

Dado que la espada que describe Pablo era tan _____, era perfecta para el _____ _____ _____.

A veces se siente como que el _____ está justo frente a nuestro _____.

En las Escrituras, en el idioma original, hay tres palabras diferentes que se traducen como *Palabra de Dios:*

1. *Graphe,* que significa las palabras impresas en la página, con la tinta, y el papel, literalmente el _____.

2. *Logos,* el _____ de *graphe.*

3. *Rhema,* la Palabra de Dios es la _____ de Dios, es la Palabra de Dios hablada a ti en tu vida.

_____

_____

_____

_____

_____

_____

_____

_____

_____

_____

_____

_____

_____

_____

_____

_____

GUÍA PARA EL LÍDER

SESIÓN 1
MIDIENDO AL ENEMIGO

ROMPIENDO EL HIELO: Después de presentarte a los demás en el grupo, anima a las personas a conversar sobre lo que les atrajo a este estudio y el título de La armadura de Dios. ¿Cuáles son tus expectativas de este estudio bíblico? ¿Cuál es tu nivel de compromiso para este estudio?

LEE EFESIOS 6:10-12 y anima a las personas a escuchar mientras aprendemos más acerca del enemigo. Dirige a las personas a completar la Guía del Video en las páginas 8-9.

VEAN EL SEGMENTO "MIDIENDO AL ENEMIGO" y discutan los puntos clave, las referencias bíblicas o las preguntas que llenen las necesidades espirituales del grupo.

- ¿Qué diferencias o similitudes encuentran con lo que escucharon en el pasado acerca del enemigo?
- ¿Qué verdad salta a la vista cuando reflexionas en la primera sesión?

ENFATIZA LA IMPORTANCIA DE ESCRIBIR LAS ESTRATEGIAS DE ORACIÓN DURANTE TODO EL ESTUDIO. Haz referencia a la página 189 y lee las estrategias de oración para ayudar a aquellos que no están seguros de lo que deben hacer. Muestra las tarjetas de oración en la parte de atrás del libro y recuérdales que escriban en ellas y las pongan en diferentes lugares donde las puedan ver durante la semana.

SESIÓN 2
EL CINTURÓN DE LA VERDAD

ROMPIENDO EL HIELO: Repasa lo que aprendieron cuando estudiaron "Midiendo al enemigo" en la semana 1. Anímales a compartir la "Información Táctica" y desde el punto de vista de ellos, lo más importantes de cada día.

- ¿Cómo está Dios estimulando una estrategia diaria de oración en tu vida, después de este estudio?

- ¿Cuál es tu tendencia? ¿Le das mucha o poca importancia a la influencia del enemigo en tu vida? ¿Qué efecto tiene esta posición en tu vida? (Ver página 17).

LEE EFESIOS 6:13-14 y reta al grupo a pensar en lo que significa estar firmes, ceñidos con el cinturón de la verdad, mientras ven el video correspondiente a esta semana. Recuérdales que sigan el video con las páginas 38-39.

VEAN EL SEGMENTO "EL CINTURÓN DE LA VERDAD" y comenten acerca de los siguientes puntos.

- ¿Qué retos encuentras cuando lo comparas todo con el patrón de la Palabra de Dios, es decir, la Biblia?

- ¿Qué influencia ejercería en tu vida si fortalecieras tu núcleo espiritual? ¿Qué tiene que pasar para que te comprometas a entrenarte para fortalecer tu núcleo espiritual?

SESIÓN 3
LA CORAZA DE JUSTICIA

ROMPIENDO EL HIELO: Repasa lo que aprendieron en la semana 2 "El cinturón de la verdad".

- Repasa la página 45 y si eres padre o madre, abuelo o abuela, o madre o padre espiritual de alguien ¿cuáles son algunas maneras prácticas de enseñarle a tu hijo a ser leal a la verdad de la Palabra de Dios en medio de esta sociedad tan variable?

- Comenta cómo el cinturón de la verdad sirve como una "percha" para las otras piezas de la armadura. (Ver páginas 52-55).

- ¿Qué diferencia hay entre alinearse con la verdad y el legalismo? ¿Por qué es que el legalismo limita y la verdad nos hace libres? (Revisa tu respuesta en la página 56).

- ¿Cómo va tu Estrategia de oración? ¿Dónde estás poniendo tus oraciones? ¿Funciona el lugar que elegiste?

LEE EFESIOS 6:14 y alienta al grupo a descubrir cómo la coraza de justicia protege, mientras responden a la guía del video en las páginas 66-67.

VEAN EL SEGMENTO "LA CORAZA DE JUSTICIA" y comenten lo que aprendieron de la enseñanza.

- Las palabras justicia y santificación a veces son difíciles de entender y definir. ¿Cómo pudieras explicar su significado a un nuevo creyente en Cristo en tu iglesia?

- Así como la coraza en la armadura protege al cuerpo, ¿cómo protege al creyente la coraza de justicia?

Anima al grupo con sus estrategias de oración. Recuérdales que ser intencionales sobre esto activará la coraza espiritual. Ponte a la disposición de aquellos que pudieran tener preguntas acerca de su estrategia.

SESIÓN 4
LOS ZAPATOS DE LA PAZ

ROMPIENDO EL HIELO: Repasa lo que aprendieron en "La coraza de justicia" en la semana 3. Mediten en "Las muchas caras de la justicia" del día 2. Comenten con el grupo algo nuevo que hayan aprendido o que fue un desafío. Repasen la actividad y pasajes de la Escritura en la página 83 que están relacionadas con ponerse virtudes específicas y sus beneficios espirituales. ¿Cuál fueron las más alentadoras?

LEE EFESIOS 6:14-15 enfatizando que los zapatos de la paz hacen que tus pies estén listos y preparados. Recuérdales que usen la guía del video de las páginas 92-93 para contestar las preguntas.

VEAN EL SEGMENTO "LOS ZAPATOS DE LA PAZ" haz énfasis en la paz vinculándola con esta pieza de la armadura de Dios.

- ¡A la mayoría de las mujeres les gustan los zapatos, y a algunos hombres también! Describe el propósito y la función de los diferentes tipos de zapatos. ¿Por qué crees que Pablo asocia el calzado con las características de la paz?

- ¿Qué elementos de la paz encontraste destacados, cuando escuchaste y aprendiste esta enseñanza, y por qué?

- ¿Cómo experimentaste la paz de Dios en tu vida y cómo se lo explicarías a otra persona?

SESIÓN 5
EL ESCUDO DE LA FE

ROMPIENDO EL HIELO: Repasa la tarea "Los zapatos de la Paz" en la semana 4. ¿Cuál fue la"Información Táctica"que más te impresionó durante esta semana?

- Pide al grupo que busquen en la página 97 en el libro de estudio. ¿Qué escribieron en esta lista cuando detectaron falta de armonía, inquietud o falta de paz en esas áreas? ¿De qué manera has visto la mano del enemigo en esas experiencias?

- ¿Cuáles son algunas áreas de tu vida en las que necesitas ser más ofensivo que defensivo, recuperando el terreno que te quitó el enemigo? ¿Cómo se vería este proceso en un sentido práctico? (Busca las respuestas en la página 115).

LEE EFESIOS 6:16 y recuérdale a las personas que el enemigo ataca nuestra fe y que necesitamos estar preparados para defendernos. Completen la guía del video en la página 123 mientras escuchan y aprenden.

VEAN EL SEGMENTO "EL ESCUDO DE LA FE" y toma nota de lo que aprendieron.

- ¿Cómo se refleja la verdad de nuestra fe en nuestras acciones y actitudes?

- ¿Cuál es el reto más grande de tu fe? ¿Cuándo te has sentido más fuerte en tu fe?

Anima al grupo a mantenerse fiel escribiendo la estrategia de oración. Si se les acaban las tarjetas que están en la parte de atrás de este libro, pueden usar un papel para continuar con este importante hábito.

SESIÓN 6
EL YELMO DE LA SALVACIÓN

ROMPIENDO EL HIELO: Repasa lo que aprendieron en la semana 5 "El yelmo de la fe". Repasa Efesios 6:16 y las respuestas a las preguntas en la página 132. ¿Por qué crees que Pablo enfatizó mucho los beneficios de esta pieza de la armadura?

- Comenten acerca de la formación tortuga de la página 134. ¿Qué nos dice esto de cómo debemos preocuparnos unos por los otros para edificar la fe? Y ¿cómo se debiera fortalecer la fe activa en toda la comunidad de Cristo?

- ¿Qué conceptos ilustran realmente cómo tu fe habla más acerca de la integridad del objeto de nuestra fe que de la fuerza del que la ofrece? (Ver página 139).

LEE EFESIOS 6:14-17 para repasar la armadura de Dios que nos debemos poner. Concéntrate en el yelmo de la salvación completando la guía del video en las páginas 150-151.

VEAN EL SEGMENTO "EL YELMO DE LA SALVACIÓN" identificando la importancia de nuestras mentes y nuestra salvación.

- ¿Cuántas veces recuerdas tu salvación y la transformación que Jesús trajo a tu vida? ¿Qué está haciendo actualmente Jesús en tu vida y cómo influye diariamente en tu relación con Él y en todo lo que haces?

- ¿De qué maneras puedes describir la verdad de la salvación y el yelmo de la salvación a otras personas?

SESIÓN 7
LA ESPADA DEL ESPÍRITU

ROMPIENDO EL HIELO: Repasa lo que aprendieron en la semana 6 "El Yelmo de la salvación".

- ¿Qué estás aprendiendo cuando escribes cada día en la Información Táctica?

- ¿Cómo se ve lo que haces al poner en práctica la salvación en tu vida cotidiana? ¿Qué beneficios prácticos se ven en tu experiencia? (Ver página 155).

LEE EFESIOS 6:10-20 y desafía al grupo a que piense en esta clase como el comienzo de un nuevo estudio sobre la espada del Espíritu, mientras completan la guía del video en las páginas 180-181.

VEAN EL SEGMENTO "LA ESPADA DEL ESPÍRITU" y evalúen los próximos pasos a tomar para estar parados firmes con toda la armadura de Dios y continuar con una estrategia de oración.

- ¿Cómo piensas continuar con tu estrategia de oración y para pasar tiempo en la Palabra de Dios?

- Repasa "Mi herencia e identidad en Cristo" y comenta cómo la verdad de la Palabra de Dios te ha cambiado y continúa haciéndolo para ser todo lo que Él desea que seamos.

- Continúa escribiendo la estrategia de oración como un hábito para tu vida después que termine este estudio.

IDEAS PARA DIRIGIR AL GRUPO

Las sesiones de *La armadura de Dios* son para grupos que se reúnan por lo menos una hora en cada sesión ya que los vídeos duran de 30-40 minutos. Si dispones de más tiempo, eso ayudará mucho en el tiempo destinado al intercambio de ideas y para disponer de tiempo para relacionarse. A continuación se sugiere un diagrama con tres divisiones principales para usar con el grupo. Sin embargo, siempre adapta el tiempo del grupo de manera que puedas satisfacer las necesidades del grupo y las de las personas que participan.

ROMPIENDO EL HIELO (INCLUYE LA BIENVENIDA, LAS PRESENTACIONES Y EL REPASO)

Usa este período del tiempo para dar la bienvenida, hacer anuncios y para repasar la tarea de la semana anterior.

SEGMENTO DEL VIDEO

Establece el tiempo exacto que necesitas para ver el video. Si fuera posible, ve el video antes y elije varias preguntas o aspectos para dialogar con el grupo. Identifica algunas de las verdades que se van a estudiar y la tarea que deberán realizar antes de la próxima sesión y anima a las personas a completar todo lo que puedan para que aprovechen mejor el estudio. Recuérdales que hagan énfasis en la"Información Táctica"de cada día y de la sesión de Estrategia de Oración del quinto día de cada semana.

ORACIÓN

Ora en cada sesión del grupo pero también anima a los participantes a profundizar en el desarrollo de una estrategia de oración mientras completan las tareas. Invítalos a usar las tarjetas perforadas que aparecen al final del libro, pero también a anotar las oraciones, y pídeles que sean estratégicos al identificar sus necesidades de oración y las respuestas del Señor.

PREPÁRATE EN ORACIÓN

Prepárate para cada sesión:

- Revisa el material para la semana que el grupo estudió la semana anterior y lo que estudiarán la semana próxima.

- Ora por cada persona en el grupo.

- Decide qué material crees que Dios te está guiando a repasar o a discutir con el grupo.

- Pide al Espíritu Santo que obre a través de ti y del diálogo con el grupo para ayudar a los participantes a cada día dar pasos que los acerquen más a Jesús.

- Evita las distracciones.

- Crea un ambiente acogedor. Si los miembros del grupo están incómodos o distraídos es posible que no participen en el tiempo de intercambio del grupo. Planea de antemano, teniendo en cuenta: el lugar para sentarse, la temperatura en el local, la iluminación, los ruidos, y no olvides que tienes que contar con el cuidado de los niños.

- La apariencia general del lugar de reunión, tanto sea en el templo de la iglesia, en el salón de una clase, en un hogar u otro lugar cualquiera.

Se considerado y hospitalario eso le muestra a los visitantes y a los miembros del grupo que son bienvenidos y que se valora su participación. Haz todo lo que puedas para ayudar al grupo a concentrarse en lo que es más importante: relacionarse con Dios, con la Biblia y con los demás.

INCLUYE A OTROS

Tu objetivo es crear una comunidad donde las personas se sientan bienvenidas, tal como son, pero donde se les anime a crecer espiritualmente. Siempre mantente atento a las oportunidades de:

- Invitar a nuevas personas a unirse al grupo;
- Incluir en la invitación a las personas que estén de visita;
- Hablar con aquellas personas que faltaron a una sesión pero vuelven la semana siguiente.

ANIMA EL DIÁLOGO

Anima a todos los participantes a hacer preguntas, hacer comentarios y leer en voz alta sus ideas y pensamientos. Anima a las personas a aprender lo más posible del estudio completando la tarea que deben realizar en sus hogares antes de la próxima sesión. Sin embargo, sé sensible no haciéndolos sentir culpables o presionados si no pudieron realizar toda la tarea, o si no pudieron hacerla.

Si alguien es de las personas que acostumbra a dominar la conversación, orienta la discusión con mucho tacto. No pienses que tener momentos de silencio es malo cuando están procesando lo que escucharon y están aprendiendo. Las personas a menudo necesitan un poco de tiempo para pensar en las respuestas a las preguntas o para animarse a compartir lo que Dios está poniendo en sus corazones. No te apures con las preguntas y dales tiempo suficiente para compartir. Destaca cuando alguien comparta una verdad o una respuesta apropiada. No tomes una respuesta como punto de partida para exponer tus criterios, eso cierra las vías de comunicación con el grupo. Crea relaciones personales mediante preguntas de seguimiento, pregunta cómo otras personas han experimentado cosas similares o cómo una verdad ha moldeado su comprensión de Dios y los versículos que están estudiando. Las personas no se atreverán a hablar si piensan que tú no estás interesado en escuchar sus respuestas o si piensan que estás buscando que te den una respuesta específica.

Recuerda que Dios y la Biblia son el tema central. Las opiniones y experiencias pueden ser de ayuda pero Dios nos da la verdad. Confía en la autoridad de la Biblia y en que el Espíritu de Dios obra en la vida de las personas. Continuamente señala hacia la Biblia y a los siguientes pasos de fe.

MANTÉN LAS RELACIONES

Piensa en la manera de relacionarte con las personas entre cada sesión durante la semana. Anima a los miembros del grupo con pensamientos, comentarios o preguntas de las sesiones o de la tarea. Usa cualquier medio posible como notas escritas a mano, llamadas telefónicas, mensajes de textos o por los medios sociales.

NOTAS

SESIÓN 1

1. James E. Rosscup, "The Importance of Prayer in Efesios ," *The Master's Seminary Journal,* Volume 6, Number 1 (Spring 1995), 58.

2. Clinton E. Arnold, *Efesios : Power and Magic* (New York, NY: Cambridge University Press, 1989), 14-15.

3. Chip Ingram, *The Invisible War: What Every Believer Needs to Know* (Grand Rapids, MI: Baker Books, 2006), 28.

Nota en la PP 37: Richard A. Burr, *Developing Your Secret Closet of Prayer* (Camp Hill, PA: Christian Publications, 2008), 44.

SESIÓN 2

1. I. H. Marshall, A. R. Millard, J. I. Packer, & D. J. Wiseman, eds., *New Bible Dictionary.* 3rd ed. Downers Grove, IL: InterVarsity Press, 1996, 682.

2. G. R. Watson, *The Roman Soldier* (Ithaca, NY: Cornell University Press, 1969), 63.

3. Pat Southern, *The Roman Army* (Santa Barbara, CA: ABC-CLIO, Inc., 2006), 154.

4. D. G. Reid, R. D. Linder, B. L. Shelley, and H. S. Stout, *Dictionary of Christianity in America.* Downers Grove, IL: InterVarsity Press.

5. Charles Spurgeon, citado por *TruthSource* (online), el 12 de junio de 2015. Disponible en: *truthsource.com.*

6. Pat Southern, 154.

SESIÓN 3

1. Larry Richards, *The Full Armor of God* (Minneapolis, MN: Chosen Books, 2013), 98.

2. Pat Southern, 156.

3. John R. W. Stott, *The Message of Efesios* (Downers Grove, IL: InterVarsity Press: 1979), 279.

4. Peter O'Brien, *The Letter to the Efesios* (Grand Rapids, MI: Wm. B. Eerdman's Publishing Co., 1999), 327.

5. Tony Evans, *Victory in Spiritual Warfare* (Eugene, OR: Harvest House Publishers, 2011), 75.

SESIÓN 4

1. Larry Richards, *The Full Armor of God* (Minneapolis, MN: Chosen Books, 2013), 79.

2. M. C. Bishop and J. C. Coulston, *Roman Military Equipment from the Punic Wars to the Fall of Rome,* 2nd ed. (Oxford, UK: Oxbow Books, 2006), 112-113.

3. Ibid., 112.

4. Charles Spurgeon, *Spiritual Warfare in a Believer's Life* (Lynnwood, WA: Emerald Books, 1993), 139.

5. Peter O'Brien, 475.

6. Pat Southern, 155.

7. Thomas R. Yoder Neufeld, "Put on the Armour of God," *The Divine Warrior from Isaías to Efesios* (Sheffeld, UK: Sheffeld Academic Press, Ltd., 1997), 29.

SESIÓN 5

1. M.C. Bishop and J.C. Coulston, 100.

2. A. W. Tozer, *The Knowledge of the Holy* (New York, NY: Harper Collins, 1961), 62.

3. Jon Paramenter, "Warfare, Indian," *Dictionary of American History* (online), revisado el 2 de octubre 2016. Disponible en: *encyclopedia.com.*

4. Chip Ingram, 124.

SESIÓN 6

1. Douglas Mangum, Rachel Klippenstein, Derek R. Brown, Rebekah Hurst, *Lexham Theological Dictionary* (Lexham Press, 2014).

2. M.C. Bishop and J.C. Coulston, 7.

3. Ibid., 101.

4. R. Kent Hughes, *Efesios* (Wheaton, IL: Crossway Books, 1990), 241.

5. Dr. Caroline Leaf, Who Switched Off My Brain? (Nashville, TN: Thomas Nelson Publishers, 1982), 13-14.

6. Beth Moore, *Breaking Free* (Nashville, TN: B&H Publishers, 2000), 230.

7. "Mourning the Wrong Girl," CBS News (online), revisado el 2 de octubre 2016. Disponible en: *http:// www.cbsnews.com/news/mourning-the-wrong-girl/*

Citado en la página 177: E. M. Bounds, *Good Reads* (en línea), revisado el 2 de octubre 2016. Disponible en: *goodreads.com.*

ESTRATEGIAS DE ORACIÓN

A continuación encontrarás algunas orientaciones generales y un bosquejo para tu estrategia de oración. Al crear tus oraciones sé auténtico, personal e intencional. Siempre puedes volver a esta página buscando inspiración y ayudas para continuar anclado y seguro en lo que escribas.

Mi deseo es que no solamente termines este estudio bíblico con seis estrategias, sino que intencionalmente crees un hábito de oración que influya en ti por el resto de tu vida. Te doy un acróstico hecho en inglés, como recurso nemotécnico, pero es casi imposible de hacerlo en español con algún sentido, sin embargo, te puede ayudar a recordar esos elementos. He puesto la letra inicial de la palabra en inglés delante de la palabra en español para ayudarte; PRAY [En ingles significa ORAR]

P—[PRAISE] ALABAR: Expresa tu gratitud a Dios por quién Él es y lo que ya hizo. Este debe ser el hilo conductor de cada oración, porque en definitiva, lo que importa es Su nombre y Su fama.

R—[REPENTANCE]: ARREPENTIMIENTO: La oración va a poner al descubierto algunas áreas donde todavía estás resistiendo al Señor, no solamente resistiendo Sus mandamientos, sino también todas las muchas bendiciones y beneficios que Él da a aquellos que lo siguen. Cubre tu estrategia con arrepentimiento; el valor para confiar, retornar y andar en Sus caminos.

A—[ASKING]: PIDIENDO: Que tus peticiones sean conocidas. Sé personal y específico. Escribe los detalles de tus problemas y dificultades y cómo se relacionan con el tema general de esa semana de estudio, así también cómo ves la mano del enemigo obrando en ellos o dónde te parece que va a ser el próximo ataque.

Y—[YES]: SÍ: La Biblia dice "porque todas las promesas de Dios son en él Sí, y en él Amén, por medio de nosotros, para la gloria de Dios" (2 Corintios 1:20). Quizás no entiendas todo lo que pasa en tu vida, pero cualquier explicación palidece en comparación con lo que sabes debido a tu fe en la bondad y seguridad de Dios. Así que permite que tu oración sea acentuada con las propias palabras de Dios en las Escrituras, Sus promesas para ti se corresponden con tus necesidades. No hay nada más poderoso que orar la Palabra de Dios. Porque ante la mención de Su nombre, el enemigo se desploma derrotado.

MI ESTRATEGIA DE ORACIÓN

MI ESTRATEGIA DE ORACIÓN